JN439500

빡작가의 하루

박현주 수필집

박작가의 하루

박현주 수필집

1판 1쇄 인쇄/ 2020년 11월 25일
1판 1쇄 발행/ 2020년 11월 30일

지은이 / 박 현 주
펴낸이 / 우 희 정
펴낸곳 / 도서출판 소소리

등록 / 제300-2007-21호
주소 / 03073 서울 종로구 성균관로 5길 39-16
전화 / 765-5663, 010-4265-5663
e-mail: sosori39@hanmail.net
www.sosori.net

값 12,000 원

*잘못된 책은 바꿔드립니다.

ISBN 979-11-5891-151-5 03810

박현주 수필집

빡작가의 하루

또 하나의 수확

코로나로 인해 새로운 경험을 하게 되었습니다. 학교나 학원에서는 화상 수업을 하고, 직장인은 재택근무를 하면서 회의를 모니터나 텔레비전 핸드폰을 이용하여 진행합니다. 그에 따른 해프닝도 있습니다. 아들도 재택근무를 합니다. 어느 날, 아들이 발표를 하고 있는 도중에 손주가 팬티 바람으로 온 방을 헤집고 다니면서 아빠에게 무엇을 요구해서 혼쭐이 났다고 합니다.

아이들은 어린이집을 다니지 못하게 되어, 갈 곳 없는 아이들이 하루 종일 집안에서 뛰고 떠들어 층간소음으로 곤혹스러웠던 경험도 하게 되었습니다.

외출을 자제하라는 정부의 방침에 소모임 동호회 등은 회합을 하지 못하고 단체 카톡이나 밴드 화상회의를 통해 비대면으로 진행되고 있습니다.

외출 대신 또 하나의 수확을 위해 컴퓨터 키보드 앞에 앉아 내 인생을 스케치 해 봅니다. 지나온 세월은 내 역사입니다. 희로애락 애오욕은 글이 되어 마음으로부터 탈출하여 비우고, 세월은 다시 꽃을 피웁니다.

과시할 것 없는 인생이지만, 반성과 고민을 통해 성찰하고 다양한 사연과 관심, 취미, 일상이 날개를 달아 두 번째 가을걷이를 마칩니다.

글 쓰는데 방해되지 않으려 하는 남편과 빡작가라고 부르는 가족 그리고 격려와 지도로 나를 이끌어 주는 오정순 선생님, 우희정 선생님 감사하고 사랑합니다.

2020년 **빡작가**

온기와 긍정

오정순 (수필가)

박현주 수필가를 생각하면 가장 먼저 떠오르는 단어가 온기와 긍정, 그리고 재능이다. '몰라요' '안 해요'라는 말을 모르는 사람처럼 매사에 적극적이고 품이 따뜻해서 일이나 사람을 밀쳐내는 법이 없다.

그러한 적극성 때문에 하는 일마다 잘 되고 유독 가족 사랑이 깊어서 몸을 사리지 않고 돌보는 작가이다. 그 가족들은 할머니, 아내, 엄마가 없이 그녀를 '빡작가'라 부르며 하는 일을 지지해준다. 이러한 분위기에서 피어나는 글은 당연히 따뜻하고 일상과 밀착되어 있어서 긍정적인 분위기를 피워낸다. 글에서도 가족 사랑이 비중을 많이 차지하고 있는 편이다. 이기적이라는 말과는 거리가 먼 작가이다.

한 가지 흠이 있다면 다양한 호기심과 특기를 가졌다는 것이다. 작가는 글 쓰는 일이 몸에 익을 때까지 몰입하고 천착하는 시간을 벌어야 한다. 그러나 박작가는 여기저기서 필요로 하는 인물이라 늘 웃고 늘 바쁘다. 어쩌면 그 다양성이 그녀 수필의 근간을 이루는지도 모를 일이다.

나와의 연연이 깊어서 글쓰기 전과 후를 비교해보면 변화를 확연하게 느낄 수 있다. 일단 건강이 좋아지고 정서적으로 안정되어졌다. 이는 수필을 쓰고 읽는다는 것이 삶의 전반에 걸쳐 치유 효과가 있다는 이야기다. 사유의 폭이 넓고 깊어져서 고른 인격체로 나아가고 있을 것이다. 그녀는 유난스럽게 글 씁네 하고 폼을 잡지 않는 게 아름답다.

그녀의 일상은 신앙과 직결되어 있다. 주기적으로 기도와 봉사의 시간을 떼어내기에 정신이 산란해질 수가 없고 타인과의 관계가 원만하여 삶을 묘사하기만 해도 좋은 수필이 된다. 2집까지는 삶에 솟은 산봉우리를 잘라내어 작품화하고 단면을 명상하며 또 작품화하지만, 2집이 지나고나면 내면을 갈아엎어가면서 호미질도 필요하고 드릴도 대면서 내적 작업을 해야 할 것이다. 단단하게 굳은 땅을 갈아 몽근 흙이 되게 하듯 정신을 다듬는 작업이 작가정신이어야 할 것이다. 그래야 돌 고른 쌀로 밥을 지어 독자에게 먹이듯 글이 생명에 깊이 기여하게 된다. 포기를 모르는 작가이므로 충분히 해낼 것이란 믿음이 있다.

나이테가 늘어갈수록 무엇을 하면서 그 많은 시간을 흘려버렸을까 후회와 회한이 쌓여 가는데, 글을 쓰면서 내면을 다듬고 정서를 고양시켜 산다는 것은 의미로운 일이다. 박 작가의 2집 출간을 축하하며 누군가에게 밥이 되는 글이기를 같이 꿈꾼다.

▶차 례

▶책을 내면서 —・저자

▶축하의 말 —・오정순

1. 봄날은 간다

봄날은 간다 —・14
고라니 잡는 개, 순돌이 —・19
백설공주, 보리 —・22
14동 705호 —・24
프레디 머큐리와 우리 가족 3대(代) —・27
애인이 있어요 —・30
자판기 —・33
그녀는 어디 있을까 —・37
꽁지머리 —・41
뿌리 —・45
나는 왜 그곳이 좋았을까 —・49
버선발 —・52
놀이터에서 —・56

2. 뛰고 날다

슬기로운 직장생활 —・62
도전하는 삶 —・66
뛰고 날다 —・70
몸으로 말해요 —・73
뜨거운 하루 —・76
바람이 분다 —・79
엄마니까 —・83
버킷리스트를 지우며 —・86
부다페스트의 달밤 —・89
빛과 어두움 —・93
빽작가의 하루 —・96
흔적 —・100
빨래 —・102

3. 풋사과처럼

도시의 보석 —· 106
윤서는 힘들어 —· 109
소금커피를 마셔봤나요 —· 113
신앙의 온도 —· 117
거듭나기 —· 121
언니의 응답 —· 124
무엇이 그들을 기다리게 했을까 —· 127
버스 안에서 —· 132
우린 소중한 보물단지 —· 134
내 마음에 머문 사람 —· 137
풋사과처럼 —· 139
두 대의 버스 —· 142
재능 기부 —· 145

4. 지휘자의 춤

전통은 무너지고 —· 150
인도, 맛과 멋 그리고 의미 —· 154
죽이 된 불고기 —· 160
지금은 전쟁 중 —· 163
지하철 냄새와 향수 —· 166
지휘자의 춤 —· 171
둘째의 존재감 —· 175
찢어진 치마 —· 179
녹색 금 —· 184
카메라 속의 세상 —· 188
해바라기 —· 192
아직도 가야할 길 —· 196
『가문비나무의 노래』를 읽고 —· 202
나가사키의 노래 중에서 —· 204
성지순례의 의미 —· 206
사랑의 손길 —· 210

1.

봄날은 간다

봄날은 간다

딸이 셋째 아이를 가졌다는 소식을 들었다. 그 소식을 접하게 된 것은 올해 초이다. 그리고 봄이 왔다. 처음엔 당황스러웠다. 둘째가 돌도 되기 전에 셋째라니….

딸에게 고맙다고 해야 할지, 당연하다고 해야 할지 분간이 되지 않았다. 두 아이에게 시달리고 산달은 점점 가까이 오는 딸이 안쓰러웠다. 딸의 큰아이를 우리 집 근처 어린이집에 다니게 하고 내가 돌볼 참이었다. 그러나 손녀의 눈치가 백단인 것을 미처 깨닫지 못하고 있었다.

손녀는 할머니 말을 잘 듣고 따르면 엄마가 간다고 판단을 했는지 내게 오지도 않고, 엄마에게만 매달려 있다. 사랑을 구걸하며 동생을 괴롭히고 엄마가 자기만 바라보기를 원했다.

뮤지컬 배우인 딸은 그동안 결혼과 출산으로 이어지면서 활동을 하지 못하다가 다이어트를 하고 오디션 준비를 하고 들떠 있었다. 나는 딸이 활동을 하게 되면 아이들을 보살펴 준다고 약속을 했는데 엉뚱한 방향으로 흘러가고 있다.

딸은 다섯 살 무렵에는 기계체조를 시작했다. 내가 보기에 소질이 있어 보였다. 기계체조 명문 학교에 보내려고 학교장까지 만났다. 그 무렵 기계체조 선수가 경기하다 다쳐서 몸이 마비되는 사건이 터지자, 가족의 극심한 반대에 결국 포기하고 발레로 방향을 틀었다. 그러다가 어느 여름날, 피서지에서 노래방을 가게 되었다. 그곳에서 딸의 노래를 듣고, 사람들의 찬사가 쏟아졌다. 사실 나도 놀랐다. 피서지에서 돌아온 후 전문가에게 레슨을 의뢰하게 되었다.

성년이 되어 성당 성가대에서 솔로를 하고 있을 때, 신부님은 딸에게 노래하는 수녀가 되면 좋겠다고 했다. 성직자에게 그 말을 자주 들었다. 성당에서 유아세례를 받고, 첫 영성체 교리교육을 받으면 의무적으로 새벽에 미사를 가야 한다. 그 미사에서 신부님이 수녀 될 사람하고 질문하자 딸은 자기도 모르게 손을 번쩍 들었다. 첫 영성체를 모시고 성가대와 전례부 봉사를 하면서 초등학교 시절을 보냈다. 한때는 영화 '사운드 오브 뮤직'에 나오는 마리아 수녀처럼 되고 싶다고 나에게 의견을 물은 적이 있었다. 그때는 나도 수녀가 되었으면 좋겠다고 했다.

지난해에 나주의 까리따스수녀회에 다녀온 적이 있다. 한국의 첫

본원이었던 당시의 건물을 본래 모습으로 복원하였다. 직접 밭을 가꾸고, 닭을 키우며 우물물을 퍼서 빨래도 하는 자급자족의 생활을 하였다. 인간 구원을 위해서 그리스도의 사랑을 실천하는 삶을 살고 있었다.

이 수녀회는 가난하고 고통 받는 사람들, 병자, 죄인들에게 예수의 사랑을 전하는 것을 근본으로 하고 그리스도의 삶을 생활로 실천하는 것을 목표로 하고 있다.

만약 내 딸이 그곳 수녀회에 갔더라면 저렇게 살았겠지. 아니지 그 애는 그렇게 살기 힘들었을 것이다. 아니다 내가 더 견디지 못하고 집으로 오라고 했을지 모를 일이다.

수녀가 되겠다는 꿈을 접고, 뮤지컬 배우의 생활이 시작되었다. 큰 배역은 하지 못했지만, 그 분야에서 인정을 받아 끊임없이 오디션을 보고 역할이 주어져서 다수의 명작에 출연하였다.

그러던 딸은 결혼하여 출산과 함께 오디션의 기회를 갖지 못하고 셋째를 회임했다. 지나간 이야기이지만, 차라리 수녀가 되었으면 지금은 어떻게 생활을 할까도 상상해 보게 된다. 조금만 힘들어도 쪼르륵 내게 달려오는데, 그리스도의 삶을 실천하는 수도자의 길을 인내하며 살 수 있었을까 대번에 그 길을 가지 않기를 잘 했다고 나름대로 합리화를 시켜 버린다.

그 길이 다른 길인 것 같아서 가다가 중지하여 쉬거나, 옷을 벗는 성직자들을 본 적이 있었다. 딸이 과연 수녀원에 들어가서 영화의 한 장면처럼 노래를 부르는 수도자로 살 수 있었을까. 이 모든 것은 딸을 바라보는 나의 시선이지 딸의 소명에 대해서 나는 생각해 보지 않은 것 같다.

어느 날, 묻지도 않았는데 딸이 내게 우려 깊은 말을 한다.

"엄마 내가 아이 셋을 낳고 기르다 보면 마흔이 훌쩍 넘어가는데 내가 무대로 돌아갈 수 있으려나."

"힘들겠지만, 육아와 너의 재능을 사전에 어떻게 준비해야 하는지 연구해보자. 연예인 중에는 아이 셋을 낳고도 그 분야에서 끊임없이 노력하는 사람도 있지 않니, 물론 보살펴 주는 사람도 필요할 것이겠지. 가수 김○○은 아이 셋을 낳고 뇌종양 판정을 받았지만 넷째를 낳고 건강해졌다고 하더라. 지금은 하고 싶은 노래도 하고, 화목한 가정을 꾸리고 있는데, 너도 할 수 있지."

이렇게 말은 했지만 딸이 무대에서 노래를 부르고 연기를 할 날이 있으려나 내심 걱정은 된다.

셋째를 회임하여, 두 아이에게 부대끼고 힘겨웠던지 대상포진을 앓았다. 초록 봄을 맛보지 못하고 독감까지 견디었다. 고달픈 봄날을 보내고 있는 딸을 바라보는 나는 새로 태어날 아이를 기다리며 축복을 기원한다.

재주가 많은 딸은 빨래하고, 아기 젖을 먹이고, 설거지하며 살 것 같지 않았는데, 셋째까지 가지고도 엄마 역할을 잘하는 것을 보면 대견하다. 엄마가 되는 것이 쉽지는 않은 것인데 세 아이의 엄마는 더 힘들 것이다.

올봄은 힘들고 어렵게 지나가서 보는 엄마로서 애가 탈 일이다. 그러나 내년 봄에는 그 아이의 앙증맞고 귀여운 모습을 보면서 새봄을 노래하겠지. 가지 말라고 해도 봄날은 갈 것이며 새봄은 또 올 것이기에 나는 새 생명을 기다리며 여름의 한복판에서 우주를 품은 딸아이의 힘든 배를 뜨거운 시선으로 바라보고 있다.

(2019. 청담수필)

고라니 잡는 개, 순돌이

TV의 채널을 이리저리 돌리다가 내 손이 멈추었다. 제목은 '어머니가 외롭다고 사다준 개, 순돌이 이야기'이다. 순돌이 동네는 고라니가 말썽이었다. 그 고라니를 순돌이가 잡고 있었다.

그렇게 순돌이는 그 마을에서 없어서는 안 되는 개였다. 그런데 순돌이가 새끼 고라니를 잡으면 집으로 데리고 왔다. 새끼 고라니들에게 어머니는 정성을 들여 우유를 먹이지만 환경에 익숙하지 않은 새끼 고라니는 얼마 지나면 죽어 버린다. 그 모습을 보고 순돌이는 힘겨워 하고 기운도 없었다.

이 일이 계속되자 어머니는 순돌이를 사다준 아들에게 고민을 이야기한다. 아들은 순돌이 새끼를 분양한 집으로 데리고 갔다. 자기 새끼를 보자 기운을 차리는 순돌이에게 아들이 말했다.

"가끔 보러오자, 이제 새끼 고라니를 그만 데려오게 순돌아! 자주 새끼를 만나러 오자."

순돌이의 새끼 고라니를 향한 애정은 자기 새끼를 향한 그리움이었다.

요즘 뉴스에서 재혼 가정 자녀를 학대를 하거나 사망에 이르는 사건이 많다. 그뿐 아니라 친부모에게 학대를 당하고 폭행에 성폭력까지 이르는 사례가 심심치 않게 매스컴을 통해서 볼 수 있다. 어린 나이에 계획 없이 임신하여 미혼모가 되면 그 아이를 버리는 일도 있다. 이런 뉴스를 접할 때 마음이 아프다.

짐승도 자기 새끼에 대한 애정을 잊지 못하고, 시름시름 앓는 일이 있다. 죽기 살기로 제 새끼를 보호하는 원숭이의 모정은 끔찍할 정도라고 한다. 어떤 때는 동물이 인간보다 더한 모정을 보여주기도 한다.

자신들의 자녀를 식당에 버리고 '내 아이 아니다'라고 한 비정한 부모가 있고, 갓 태어난 아이를 굶겨 죽인 사건도 있었다.

20년 전에 강아지와 인연이 되었다. 그 강아지 이름이 태리였다. 태리는 우리가 외출을 하면 가는 데까지 쫓아왔다. 하루는 딸이 학교에 가는데 교실까지 쫓아와서 초등학생인 딸은 학교에서 집까지 안고 데려다 놓고 간 일이 있다. 내가 외출을 하면 차 뒤를 위험하게 쫓아와서 난감한 일이 허다했다.

동네에 태리의 새끼들이 드글거렸고, 식사는 주로 동네 음식점에서 제공했다. 동네 명물로 사람들로부터 귀여움을 독차지 하였다. 그런데 어느 날 아침에 전화가 왔다. 태리가 공원에서 죽어있다는 제보였다. 어떤 사람이 태리의 목에 빨간 노끈을 묶어 놓았던 것이다.

허탈했다. 도대체 사람들은 말 못하는 짐승에게 왜 그런 짓을 했는지 알 수가 없었다.

지금 내 곁에는 10여 년을 같이 살아온 반려견 뭉실이가 있다. 뭉실이는 갑상선이 있어서 평생 약을 먹어야 하는 어려움이 있다. 사실 나도 약을 챙겨 먹지 못할 때가 많은데, 아이러니하게 뭉실이는 잘 챙겨주고 있다.

외출하고 집에 들어가면 제일 먼저 반겨 주는 뭉실이가 있어 위로가 된다. 우리 집의 기쁨조 뭉실이가 건강하게 잘 살아주기를 바란다.

하느님께서는 빛과 어둠, 하늘과 땅, 온갖 짐승들과 아담을 창조하신 뒤 기뻐하셨다. 아담이 외로울 것을 생각하고 하와를 만들어서 둘이 한 몸이 되게 하셨다. 하느님의 피조물인 우리 인간은 하느님의 모습을 닮게 하였다. 인간에게 자손을 번창하라는 복된 축복까지 주신 하느님께서는 어린아이 같은 마음으로 살기를 원하셨다. 그런데 난 모르겠다. 요즘 사람들을 보면….

(2018)

백설공주, 보리

눈을 뜨니 아침 7시이다. 지난밤 잠을 설친 터라 충혈된 눈을 비비며 바삐 집을 빠져 나왔다. 차가운 바람이 상쾌하게 느껴진다. 주차된 차 지붕은 눈에 덮여 있다. 눈이 여전히 내리고 있다. 좋은 느낌이 든다.

지난밤 딸은 진통이 시작되었다. 새벽 3시경에 병원에 입원시키고 준비물을 챙기러 집에 왔다가 다시 병원으로 가는 길이다. 전날 나는 심한 복통으로 탈수상태였다. 딸은 예정일을 2주나 남기고 온 진통이어서 조금은 당황했다. 양수가 터지면서 진통이 왔다. 나는 아픈 것도 잊고 딸의 순산을 기도한다. 마침 오늘은 성당의 신심단체인 레지오에서 연차총친목회가 있는 날이다. 열심히 준비를 한 팀은 장기를 뽐내는 날이다.

병원은 성당 바로 앞에 있다. 성당을 바라보며 딸이 묵주를 돌리고 있다. 창밖은 온 세상이 하얗다. 사위가 왔다. 나는 사위에게 딸을 맡기고 성당으로 갔다. 성당에서는 한창 열기를 뿜고 있었다. 2시 30분쯤 끝이 났다. 잠시 멈추었던 눈이 다시 내리기 시작한다.

카톡이 왔다. '아기가 곧 나옵니다.'

다시 병원으로 달려갔다. 병실 밖에서 서성이고 있는데 '응애' 하는 소리가 들린다. 함박눈이 오는 날 눈송이를 타고 우리에게 온 백설공주, 태명은 '보리'이다. 보리밥 먹다가 임신을 알게 되어 '보리'라고 했다고 한다.

나는 임신했을 때 심한 입덧으로 입원도 하였고, 아이를 분만하는 순간까지 괴로웠다. 딸은 그런 나를 닮지 않고 입덧을 심하게 하지 않아 참 다행이었다.

그대로 예정일까지 가면 아이가 4kg이 될 것이라고 그러면 순산하기 힘이 드니 조심하라고 의사가 말했다. 딸은 걱정하며 먹을 것을 줄이고, 운동을 열심히 했다. 운동 탓인지, 예정일도 채우지 않고 보리가 태어났다. 출산의 고통을 참고 자연분만을 하고 산모도 아가도 건강해서 감사했다. 12월 3일은 은총이 넘치는 날이다. 성당에 들러 산모와 아가를 위해 감사기도와 건강을 기원했다.

'보리야, 백설공주처럼 맑고 깨끗한 마음 간직하고 하느님 사랑 듬뿍 받고 건강하게 잘 자라나기를 바란다.'

(2019. 문학시대 수필가회)

14동 705호

17년 전, 이러저러한 이유로 이사를 결심했다. 지금 살고 있는 집을 부동산 중개인의 소개로 처음 방문했을 때 마음이 포근해지고 내 집 같다는 생각에 안정감이 들어 좋았다. 그 집이 ○○아파트 14동 705호이다. 나는 두 번 생각도 하지 않고 계약을 했다. 그때 이집 주인은 80세 어르신이었다. 건강이 좋지 않아서 공기 좋은 곳으로 간다면서 반평생 살아온 집을 떠날 때 많이 아쉬워했다. 마침 성당 반장의 이모라서 나 역시 더욱 애착이 갔다.

결혼을 하고 여러 번 이사를 다녔다. 전세를 살면서 세를 올려달라고 하면 비상금을 다 털어도 모자라서 수도권으로 이사를 한 적도 있었다. 그리고 시부모님과 합가하면서 다시 서울로 올라왔다. 드디어 내 집을 마련했다. 가성비는 물론 가심비까지 겸비한 곳을 염두하고 본가와도 접근성이 용이한 백년사 부근이었다. 그곳은 약간 오르막길이었다.

시부모와 살다보니 집안 행사가 많았다. 시부모 생신, 제사, 명절 때면 많은 손님이 방문을 하였다. 시장바구니를 늘 양손에 들고 그 비탈길을 오를 때면 힘겨웠다. 그러나 여섯 번이나 이사하고 마련한 내 집이어서인지, 젊어서인지 알 수는 없으나 웃고 살았다.

14동 705호로 이사를 하고 많은 일이 있었다. 남편은 몸무게를 무려 14kg 감량에 성공했다. 요요현상 없이 현재까지 유지관리 함으로 성인병으로부터 조금은 자유로워졌다. 그 사이 우리 가족은 손주만 5명이 되었다. 시어머니는 이사하고 몇 년이 지나 시아버지를 만나러 갔다. 친정어머니가 돌아가셨을 때보다 더 허전하고 마음이 쓸쓸했다.

시어머니와 나는 특별한 사이였다. 할머니와 손녀 같은 느낌이었다. 몸이 불편한 어머니는 나에게 자신의 몸을 맡기며 많이 의지했다. 8년 동안은 일어날 수 없는 몸이었다. 나는 어머니에게 생명을 불어넣는 촉매제가 되기도 했었다.

친구의 시어머니는 친구를 너무 힘들게 하였다. 무엇이든 참견하고 과다한 돈을 요구하고 심지어 잠자리까지 끼어들었다. 친구는 날이 갈수록 허약해지고 급기야 암이라는 병이 생겨 결국 만날 수 없게 되었다. 그러고 보면 나는 행운이다.

14동 705호에 이사 와서 여러 가지 일들이 주마등처럼 뇌리를 스쳐가고 있지만, 개인적으로 나는 어머니로부터 많은 혜택을 받았다. 그리고 내가 존경하는 나의 멘토를 만나 글을 쓰고, 문단에 등단했었던 일들이 좋은 추억으로 남아 입가에 미소가 끊이질 않는다. 어릴 적에 아버지가 사다준 『어린왕자』를 보고 이해할 수는 없었지만 강렬했던 기억이 난다. 그로인해 막연하게 써봤던 글이 어두운 내 마음에 등불을 밝혀준 것인가.

어렸을 때 보름달이 뜨면 소원을 빌었다. 그 습관이 지금은 자연스레 주님께 향하는 마음이 되게 했다. 하마터면 허우적거리는 신앙인이 될 뻔했는데 이 집으로 이사 와서 정돈된 믿음을 찾은 건 참 다행한 일이다.

아파트가 노후해서 재건축을 하게 되어 떠날 날이 한 달도 채 남지 않았다. 집은 역사를 지니게 마련이다. 이 집에서 경제적 안전이 구축되었다. 많은 것 바라지 않고 일상을 담고 살았다. 주어진 조건에 트집을 잡지 않고 살아온 덕분에 재건축이 되는 시기에까지 이르게 되었다. 낡아서 부순다고 하는데도 서운함이 깃드는 것은 묘한 일이다. 마음을 담은 집이라서 그런가 보다. 손주들이 뛰고 떠들어서 아래층에 민폐를 끼쳤다. 이 모든 평범한 행복을 안고 5년 뒤 다시 돌아올 것을 소망하며 떠나야겠다.

(2020, 문학시대)

프레디 머큐리와 우리 가족 3대(代)

"강석아 일어나봐. 프레디 머큐리가 죽었대."

아들이 초등학교 3학년 때 일이다. 나는 TV를 보고 있었고 아들은 소파에서 잠들어 있었다. 뉴스에서 프레디 머큐리가 에이즈 합병증으로 죽었다는 소식을 듣고 아무것도 모르는 아들을 깨웠다.

그는 천재 음악가였다. 음악을 향한 열정이 세계 최고의 록 밴드 퀸을 알리기까지 고군분투했다. 맴버간에 불화가 있었지만 사랑으로 견디며 마침내 '라이브 에이드' 공연에서 보여준 가창력과 퍼포먼스는 내 기억에 영원히 남아있을 것 같다. 나는 프레디 머큐리의 광팬이다.

프레디는 자신의 혈통과 질병, 사생활을 남에게 알리기를 꺼려했다. 그의 삶은 집시처럼 안정적이지 못했다. 그는 보헤미안 랩소디 집시의 광시곡처럼 자유롭고 싶었던 것이었을까.

성 정체성 때문에 외로움과 고독, 그리고 마약의 구렁텅이에 빠졌다. 방황의 끝에 에이즈에 걸려 젊은 나이에 사망했다. 영국에서는 동성애 폐지 50주년이 되었다고 한다. 성 소수자들도 그들만의 사랑이 있고 인격이 있다. 그들은 사회의 약자라고 한다.

나는 한때 고등학생들에게 성인권 교육에 참여했다. 어느 날, 남학생이 나에게 상담을 요청했다. 그 학생은 여자 친구를 만나면 별 감정이 없는데 어떤 남자를 보면 가슴이 두근거리고 설렌다고 하며 동성애자인 것 같다고 했다.

그때 떠오른 인물이 프레디 머큐리였다. 그도 처음에는 얼마나 갈등을 했을까. 그런 마음을 가지지 않으려고 무던히 고생했으리라는 생각이다.

나는 그 학생에게 아직 청소년기이니 빠르게 판단하지 않았으면 좋겠다고 했다. 자신의 생각을 다시 정립해 보라는 말과 더불어 동성애자가 나쁜 건 아니라는 정도로 마무리했다. 성 소수자들의 인권도 존중받아야 한다는 말을 해주는 상투적인 말밖에 할 수 없었다. 과연 나는 어떻게 생각하는지 나에게 질문했다. 나 역시 그들의 존재를 존중하거나 신뢰하는 마음이 없었던 것 같다.

방송인 홍○○이 동성애자라고 커밍아웃 했다. 장○○이 첫사랑이었다고 한다. 홍콩배우인 장○○은 동성애자라는 소문이 돌았고 우울증으로 자살을 했다. 홍○○이 커밍아웃한 후 방송을 중지했으며, 세상이 무너지는 시련을 겪고 이젠 당당하게 방송에 나오며 자신의 입지를 튼튼하게 하고 있다.

프레디는 동성애와 에이즈라는 사실을 오랫동안 숨겨왔다. 사실을 부모에게 말하고 쫓겨났다. 그들을 바라보는 사회 분위기와 시선이 두려웠을 것이다. 하지만 그는 여전히 전설로 남아있고, 퀸을 모르는 세대도 영화 '보헤미안 랩소디'를 보고 이야깃거리가 되고 있다.

아들은 여전히 퀸의 음악을 자주 듣고 있는 것 같다. 유치원생인 손자가 보헤미안 랩소디의 가사와 멜로디를 다 외우고, 그가 보여준 춤을 추며 종횡무진 거실을 왔다 갔다 한다. 현재를 사는 어린 아이에게까지도 그의 존재가 확인되고 있다.

나도 지금 퀸의 음악을 들으며 글을 쓰고 있다.

(2019 문학시대)

애인이 있어요

나에겐 애인이 있어요. 새까만 눈동자와 무결점 꿀피부, 거기에다 어리기까지 하네요. 나를 갈망하는 애틋한 눈빛을 보고 있자면 나는 가슴이 벅차 호흡곤란까지 올 정도랍니다. 누가 나를 이렇게 좋아해 줄까요.

두 달 전에 일이 벌어졌죠. 미국여행을 20여 일 하고 돌아와서 준서와 영상통화를 했어요. 준서는 말을 잇지 못하고 발만 동동 구르다가, 마침내 눈송이만 한 눈물을 흘리며 "할머니 보고 싶어 할머니에게 데려다 줘." 하면서 대성통곡을 하는 것이었죠. 나는 아들에게 준서 데리고 오라고 했지요. 그 아이와 며칠을 보냈어요. 준서는 할머니더러 어디 가지 말고 자기 옆에만 있으라고 하네요. 나는 준서를 레지오(성당 심심단체)와 수필교실 그리고 성당의 행사에 데리고 다녔지요.

준서는 32개월 된 나의 첫 손자입니다. 50여 일 지나면서부터 일주일에 이틀 정도는 내가 데리고 있으면서 정이 들었나보네요. 돌이 지나고부터 레지오에 데리고 왔지만 그때는 막무가내 주회를 못하게 하더니 이젠 제법 기도를 하고 적응해 가고 있어요. 할머니 성당에 기도하러 가는데 준서는 무엇을 할 거냐고 물으면 할머니 쫓아가서 기도한다고 하네요.

내 애인이 바로 첫 손자, 준서랍니다. 우리는 만나면 헤어지기 싫어서 다른 일정이 있어도 포기하고, 준서와 뒹굴고, 공놀이와 로봇놀이를 하지요. 이 아이와 더 친해지고 싶어서 나는 조립의 여왕이 되어갑니다. 자동차에서 로봇변신을 할 수 있어야 되고, 어려운 퍼즐도 맞출 수 있어야 돼요. 준서에게 할머니는 '만능의 신'이죠.

나 또한 준서와 있으면 피곤함이 사라지는 걸 느껴요. 준서에게 에너지를 받아서인지 생기 넘치는 20대로 돌아간 듯 착각을 할 때가 종종 있어요. 할머니가 제일 좋다는 준서에게 잘 보이려고 노력해요. 아이가 좋아하는 자동차 장난감 매장 앞을 배회하다가 앰버(구급차)를 발견하고 선물로 준비하고 있더라고요.

준서가 17개월쯤에 교황님이 우리나라에 방문하셨을 때의 일입니다. 낮잠을 자고 일어났는데도 TV에서 광화문 미사장면이 나오자 두 손을 합장하고 기도를 하더라고요.

어린 아이가 모은 두 손은 세상에서 가장 예쁜 손입니다. 이 앙증맞은 손을 볼 때 이 아이가 건강하게 자라기를 바라죠. 할머니를 '만능의 신'으로 여기듯, 하느님을 사랑하고 사랑받는 반듯한 청년으로 성장하여 나의 멋진 애인이 되어주기를 기도합니다.

(2015)

자판기

전철을 갈아타려고 계단을 급하게 올랐더니 숨이 차다. 마침 옆에 음료수 자판기가 있었다. 지폐 한 장을 놓자 '툭' 음료수 캔이 떨어지는 소리가 들린다. 자판기에는 돈을 넣어야만 물건이 나오지만 나는 지폐가 아니라 말이 들어오면 자동으로 몸이 움직인다.

어느 날 손자에게서 전화가 왔다. 할아버지, 할머니 보고 싶어 가고 싶은데 아빠가 데려다 주지 않는다는 말을 듣는 순간 남편은 반사적으로 일어났다. 단박에 손주들을 데리러 갔다. 남편의 마음을 자녀들은 어떻게 생각할까.

시아버지는 자신이 평생 일구었던 소중한 땅을 남편에게 남겼다. 그런데 경기도 북부의 경제 활성화를 위해 다국적 기업인 P기업과 국내의 L그룹과 공동 투자하여 50여 만 평의 부지에 공장을 설립하면서 그 땅 일부가 수용되었다. 참으로 안타까운 일이었다. 남편은 그 땅도 자녀들에게 넘기겠지만.

우리 부부는 앞만 보고 달렸다. 의류 사업을 할 때 누구보다 성실하게 잠자는 시간도 아끼며 열심히 일을 했다. 그 덕에 아이들 공부시키고 집도 장만했다. 그 너머에는 부모님이 남겨준 디딤돌의 역할이 큰 힘이 되었다.

안도현은 『연어』란 책에서 '거슬러 오른다는 것은 지금 보이지 않는 것을 찾아간다는 뜻이지. 꿈이랄까. 희망 같은 거 말이야. 힘겹지만 아름다운 일이란다.'라고 말하고 있다.

연어는 거센 강물을 거슬러 올라가서 알을 낳고 새끼들이 생을 이어나갈 수 있게 자신의 목숨을 바친다. 부모들 마음이 다 그렇듯 나도 자식들을 위해 말만 넣으면 요구사항이 이루어지는 자판기가 되어가고 있다.

이런 나를 어떻게 보았는지 지인은 모세 이야기를 들려주었다.

모세는 이스라엘 백성을 가나안으로 안내할 때 어렵고 힘든 과정을 거치면서도 희망을 갖고 가나안 땅으로 간다. 모세는 하느님의 명을 어기기도 했지만, 모세의 사명은 이스라엘 백성이 가나안 땅에 들어가기 전까지였다. 자녀가 결혼하기 전까지 자신의 희생과 사랑을 바쳐 양육하고 결혼하면 자립할 수 있게 꿈과 희망으로 도와주는 조력자 역할이라고 한다.

하지만 나는 결혼한 딸이 도움이 필요하다면 나 몰라라 할 수 없어 딸의 아이를 돌보러 간다. 아들의 손자들이 나를 닮아서인지

기관지 천식이 있어 6개월마다 종합병원에서 검진을 받는데 진료비를 지불해 준다.

어미 새가 새끼 새에게 먹이를 날라다 주는 것처럼 나는 무언가 자꾸 자꾸 주려고만 하고 있다. 본능적으로 움직이게 된다.

아들은 대기업에 과장으로 10년을 재직하고 있지만 집을 장만할 엄두를 내지 못한다. 집 마련하기 위해 절약하며 저축하는 아들에게 시부모가 하였듯이 버팀목이 되어 주겠지만 자립할 수 있도록 지켜봐야겠다.

딸은 아파트 분양이 당첨되어 한 걱정 덜었다. 게다가 사위가 진급하여 큰 일만 벌어지지 않는다면 앞날 걱정은 하지 않아도 될 것 같지만 당장 외벌이로 세 자녀를 키우는 모습이 버거워 보여서 자꾸 딸에게로 가게 된다. 보지 않으면 모르지만 보고 들으면 딱해서 거들게 된다.

어떠한 인생도 잠잠하게 흐르는 과정은 없을 것이다. 하늘도 먹구름 흰 구름 갈아가며 흐르는데 내 가족에게만 청청 푸른 하늘이겠는가. 힘들어도 웃어가며 마음 흐르는 대로 살려고 한다. 지혜의 빛이 비출 것이라 믿으며 흘러간다. 자연스럽게 자판기 인생에서 전향할 때가 올 것이다. 내게 능력이 모자라거나 주머니가 비게 되면 자판기 앞에서 얼씬거리기를 꺼려할 때가 머지않아 올 것이다. 혹여 내가 아이들을 자판기 보듯 하게 될까 걱정이 된다.

열심히 살고 있는 아이들에게 단추만 누르면 물건이 나오는 자판기보다 사랑의 개입이 되도록 인도할 준비를 한다.

누구든 땀 흘리지 않고 고통 없이 쾌락만을 꿈꾸는 삶은 자유를 얻지 못할 것이다. 모세가 이스라엘 민족을 가나안 땅으로 인도하고 같이 들어가지 못한 것처럼 내 아이들이 가는 세상으로 끝까지 가지 못할 것은 자명하여 아이들을 위한 본능적인 움직임을 줄여서 사방으로 줄기가 뻗어 나가지 못하게 다스려야겠다. 자판기에서 물건이 나오지 않는다고 부정적인 감정을 표출하기보다 조화로운 몸과 마음을 다스릴 수 있고 신앙인으로 영성의 열매를 맺기를 바란다.

(2020)

그녀는 어디 있을까

'뭉크'의 그림 「절규」에는 핏빛의 하늘을 배경으로 괴로워하는 인물을 묘사하고 있습니다. 이 작품의 강렬한 표현은 뭉크의 불안과 우울한 감정이 원인이었습니다. 사랑하는 어머니와 누나가 죽고 자신도 죽을 것이라는 두려움이 밀려왔습니다. 아버지와 동생들이 차례로 사망을 해서 그 상실감은 더 컸을 것입니다.

내가 B언니를 목련꽃으로 비유한 것은 목련꽃처럼 자태가 고결하고 우아해서 목련이라 부르게 되었습니다. 목련꽃은 나무에 피는 연꽃이라 부릅니다. 학명 중 'kobus'는 '주먹'을 나타내는 말로 꽃 피는 모양이 주먹을 쥐었다 펴는 모양을 닮은 데서 유래되었습니다.

그 꽃을 다 피우지 못하고 간 것이 애절하고 안타깝습니다. 더 살아서 충분히 피우고 가도 될 것을. 20대만 청춘이겠습니까? 아니라고 생각합니다. 60이 넘었지만 그 나이에도 충분히 피울게 많은 여인이었습니다. 애잔한 마음이 가시지 않습니다.

올해는 그 꽃이 꽃망울을 터뜨리고 졌는지도 모릅니다. 봄날 세상은 온통 꽃 천지이지만 꽃 마중 나갈 준비를 하지 못하고 있습니다. 봄을 만끽할 여유도 없습니다. 마치 언니의 절규가 들리는 듯합니다.

목련꽃처럼 우아하고 아름다운 언니는, 어릴 적에 미사포를 쓴 소녀에게 매료되어 천주교에서 세례를 받았습니다.

미사포를 쓰고 싶다는 일념으로 세례를 받아 신앙생활이 시작되었습니다. 친정가족들을 위해 끊임없이 기도하여 개신교의 권사였던 어머니를 비롯하여 친정 식구들이 천주교에 입교하게 된 가교역할을 했습니다.

언니와 나는 한 아파트에서 같은 라인 1층과 7층에 살았습니다. 서로 의지하고 배려하며 친자매처럼 지냈습니다. 언니는 완벽을 추구했고, 무엇하나 흐트러짐이 없었습니다. 언제나 웃는 얼굴이었고 머리는 정갈하게 하나로 묶어 올리고, 옷차림도 단정했습니다.

성당의 신심 단체인 레지오에서 단장이었던 언니는 나에게 레지오에 입단을 권유해서 합류하게 되었습니다. 우리 팀은 봉사와 기도를 열심히 하지만, 무엇보다도 단결이 잘 되어 팀웍도 좋습니다. 봉사활동을 가거나 성지순례를 갈 때도 한마음이 되며 한곳을 향해 갑니다.

언니는 종종 맛있는 음식을 새벽부터 준비하여 주회가 끝나면 우리의 입을 즐겁게 해 주기도 했습니다. 음식 솜씨도 훌륭하고 데

코레이션과 토핑을 예쁘게 해서 눈이 즐겁습니다. 쉽사리 입에 넣기 아까울 때가 많습니다.

언니는 사랑과 봉사 그리고 기도와 선교로 많은 사람을 천주교에 입문하게 도왔습니다. 언니가 강남지역을 대표하는 단장이 되면서, 철두철미하게 일처리를 했습니다. 매사에 완벽에 가깝게 준비하고 진행하다보니 몸이 지쳐갔습니다. 마음과 몸이 견디지 못하고 빨간 신호등이 켜지더니, 그 빛도 사라지고 말았습니다.

언니는 완벽하지 않으면 불안해해 하고, 실망의 말을 들으면 밤새 잠을 이루지 못하고 고민하는 성격이었습니다. 자식의 마음의 병도 자신이 어찌할 수 없는 것까지 짊어지고 있었습니다. 뭉크가 자신을 괴롭혔던 것 같이, 그것이 마음에 병이 되고 위가 굳어지기 시작해 먹을 수가 없었습니다. 쓰러지고 골든타임을 놓쳐서 몇 달간 식물인간이 되어 화려했던 꽃망울이 지고 말았습니다.

언니가 계속 우리와 글을 쓰면서 속을 비웠다면 그런 스트레스쯤이야 허공으로 날려 보냈을 것이라는 생각을 잠시 해봅니다. 글을 쓴다는 것이 힘든 작업이기는 하나 어지러웠던 생각들을 정리하고 쏟아냄으로서 편안한 삶을 영위할 수도 있으니까요.

오늘 문득 뭉크의 작품을 감상하면서 언니 생각이 납니다. 요즘 세상도 코로나 바이로스로 불안이 싸이면서 절규를 합니다.

세상 고뇌 괴로움 다 내려놓고 그곳에서는 편하게 지내는지 궁금합니다. 아파트 화단에 목련꽃이 하루가 다르게 꽃망울을 틔우며 손짓을 합니다. 봄꽃의 여왕은 그리움으로 남깁니다. 꽃잎을 떨구고 바닥은 하얀빛이 쌓이면서 아쉬움이 남는 마음이 무거운 4월입니다.

(2020)

꽁지머리

헤어스타일이 사람의 첫인상을 70%를 좌우한다는 연구결과가 있다. 그 사람의 이미지를 변신하는데 헤어스타일이 큰 비중을 차지한다.

영화 '로마의 휴일'에서 오드리 햅번의 숏커트는 상큼하고 도시적이며 발랄한 매력을 발산하였고, 그녀의 숏커트 머리는 전 세계 여성들에게 선풍적인 인기였다. 작은 얼굴에 앞머리를 살짝 내린 짧은 머리로 영화에 등장하였을 때 깜찍하고 사랑스러움의 아이콘이 되었다.

나는 로마로 여행했을 때, 스페인 광장에서부터 삼위일체 성당까지 이어진 135개의 계단에서 그녀의 모습을 상상했다. 공주의 신분을 헤어스타일로 이미지 변신을 하여 자유롭게 아이스크림을 먹으며 꿈같은 하루를 보낸다. 내가 만일 공주의 신분이었다면 어떻게 했을까. 머리를 자르면서 신분을 나타내지 않으려고 했을까. 그 생활이 답답하고 딱딱해도 내 마음속에는 공주로 남아있기를 원했을까. 생각에 잠겨보지만 지금의 내 생활이 좋다. 가끔 의견 충돌하는 남편과 손주들의 재롱에 웃는다. 내일이면 두 손주가 유아세례를 받는다. 기쁨이 있는 보통의 일상을 즐기는 편이다.

고(故) 육영수 여사는 올림머리가 심벌이 되었다. 영부인으로서의 기품과 품격이 있어 보였다. 어머니를 대리한 박대통령이 올림머리를 고수하였다. 세월호 사건 때에도 올림머리로 시간을 소비하기도 하여 탄핵이라는 사건이 국민의 마음을 아프게 하는 역사적인 표징이 되었다. 보통사람은 재난이 닥치면 자신을 치장하는 시간을 낭비하지 않았을 것이다. 한시가 급한 상황에 부스스한 머리를 하고 국무에 임했으면 어떤 결과가 있었을까. 모를 일이지만, 60이 훌쩍 넘은 나이에 감옥에서 보내고 있는 처지가 안타깝다.

여자가 머리를 짧고 화장기 없는 얼굴에 바지를 입었다면 사람들은 예사롭게 넘긴다. 남자가 머리를 기르고 화장을 하고 치마를 입는다면 오해를 하고 '게이'인가 의심하기도 한다.

나의 남편은 심하게 곱슬머리이다. 그 머리가 트라우마였다. 젊었을 때는 출근 전에 머리를 감고 드라이로 펴 단정한 머리를 했다. 그러나 비가 오거나 퇴근할 시간이 다가오면 다시 원상태로 돌아가는 것을 막기 위해 많은 노력을 했다.

매직 스트레이트파마가 유행했을 때는 스트레이트파마를 해서 한동안 신경을 쓰지 않았다. 파마로 머릿결이 상하자 파마를 하지 않고 나름대로 머리를 기르고 짧은 단발머리를 하고 다녔다. 그러나 그 머리가 부스스해지고 머릿결이 가늘어졌다. 머리가 빠지기 시작하고 흰머리가 생겼다. 탈모방지와 머리가 굵어지는 헤어제품이 욕실에 늘어났다. 이발관에 미용실에 다니더니 그것도 지쳤는지 머리를 길러 꽁지머리를 하고 다닌다.

머리를 기르고 묶은 남자를 보면 흉을 보고, 남자가 어디 그런 머리를 하냐고 질색했던 사람이 이젠 본인이 머리를 묶어 꽁지머리를 하고 다니니 처음엔 어색하고 쑥스러워 했다.

사람들이 예술가 같다고 멋있다고 하니 마음에 드는 모양이다. 딱히 손질을 할 필요도 없고 머리를 감아서 탁탁 말리고는 외출할 때 머리를 묶는 모습이 세련되어 간다.

헤어스타일이 그 사람의 개성을 드러내 보이기도 하다. 남편은 단지 헤어스타일만 변했을 뿐인데, 곱슬머리와 숱 없고 가는 머리란 단점을 밀어내고 개성창출의 이미지 변신에 성공한 셈이다.

외출할 때마다 신경을 쓰고, 시행착오를 거치다가 차선책으로 선택한 꽁지머리로 남편은 겨우 자유를 얻었다. 즐비하게 욕실 한쪽을 차지하던 헤어제품은 사라졌다. 가늘고 부드러운 곱슬머리 핸디캡이 돈 들이지 않고 관리하기 편한 헤어스타일에까지 걸린 시간이 자그마치 50여 년이다.

고정관념을 깨고 진작 꽁지머리를 했더라면 더 빨리 자유를 즐겼을 텐데, 나는 아무나 할 수는 없지만, 꽁지머리로 자유를 얻고 멋스러움까지 느껴지는 남편의 꽁지머리를 이해하려고 노력한다.

(2020 문학시대)

뿌리

최근 인기리에 방영되었던 드라마 '미스티'를 흥미진진하게 보았다. 여 주인공의 의상이 내 마음을 흔들어 놓았다. 그녀는 드라마가 전개 될수록 연기의 카리스마가 넘쳤고 보는 내내 긴장되었다. 최고의 앵커로 등장하는 그녀의 패션 스타일은 어떤 상황에서도 자신의 이미지를 표현하기에 적절하였다.

뉴스를 진행할 때는 슈트차림으로 당당함을 보여주었고, 고급스러운 코트와 여성미가 넘치는 다양한 원피스는 우아한 매력을 발산하였다. 스카프와 가방, 브로치 등 액세서리를 이용한 코디는 세련미가 넘쳤다. 나는 그녀의 패션 스타일을 보는 재미에 푹 빠져 들었다.

어린 시절, 어머니는 제일 좋은 옷감을 떠 와서 정성스레 옷을 만들어 단 하나뿐인 옷을 나에게 입혔다. 나는 그 옷을 입고 텔레비전에서 봤던 배우의 표정들을 따라 했다. 그런 모습을 지켜보는 어머니는 흡족해 하며 돌아봐라, 웃어봐라, 걸어봐라 등 온갖 포즈를 다 시켰다. 그때는 어머니의 사랑이 느껴져서 좋았다.

지금 생각하니, 가부장적이고 회사일이 바빠서 집안일은 거들 떠 보지 않은 아버지를 대신해서, 아버지와 꼭 닮은 나에게 정성을 쏟은 것인가 보다. 어머니의 스타일로 나를 꾸며서 허전함을 채우고 대리만족을 했던 것 같다.

어머니가 만들어준 옷에는 언제나 리본이 포인트가 되었다. 프린트 무늬와 색상이 예쁜 옷감으로 만든 블라우스, 고급 원단의 코트 등 유명한 디자이너의 의상보다 감각이 뛰어나고 예뻤다. 그래서인지 나는 남이 알아주거나 말거나 패셔니스타라고 착각하며 살았다. 디자이너인 친구가 인정해 주는 걸 보면 그리 못 입는 건 아닌가 보다.

24년 전, 나의 취향을 아는 시누이가 우리 부부에게 의류의 부자재인 '컴퓨터 자수' 공장을 해보라고 권유했다. 여러 날 고심 끝에 남편은 다니던 회사를 퇴사하고 창업했다.

남편은 관리를 하고, 나는 영업을 했다. 의류회사에서 디자이너와 만나고, 주문을 받았다. 그 과정에서 디자이너가 자수 도안을 샘플과 설명만을 통해 의뢰를 하면, 그 디자이너의 의중을 잘 읽고 해석하여 도안하고 작업을 해야만 했다. 내가 패션 감각이 있다 해도, 그 일은 버거웠다. 디자인을 전공하지 않은 나는 맨땅에 헤딩

하는 수밖에 없었다.

요즘에는 컴퓨터로 도안하여 인쇄를 해 주거나 일러스트레이션을 하지만, 그 당시에는 디자이너가 그린 그림과 글씨, 옷의 샘플 그리고 디자이너의 생각이 포함되어 있었다.

특히 여성복일 때는 컴퓨터 자수뿐 아니라, 핀턱이나 스팽클, 비드장식 또는 손 자수까지 의뢰를 했다. 내 감성을 끄집어내고 디자이너가 요구하는 작품을 구상하였다.

부자재를 구입하고, 작품을 제작하여 확인 받으려면 디자이너와 상품기획자의 품평회를 거쳐야 한다. 한 번에 성사되는 일은 없었다. 수십 번의 시행착오 끝에 'OK'되어 그 옷이 백화점에 걸리고, 판매가 잘 되면 기쁨은 두 배가 되었다.

그 당시에는 바느질을 수없이 하며 밤을 지새는 날이 많았다. 우리 회사와 같은 시기에 런칭한 유명 브랜드 E사가 품평회를 하면, 우리 사업장도 그들과 함께했다. 성실하고 정확함이 인정되어 E사의 신뢰를 받아 계열사도 섭렵하게 되었다.

컴퓨터 자수는 컴퓨터 자수기를 이용하는 자수이다. 작업하기 전에 펀칭을 하게 된다. 펀칭은 디지타이징 소프트웨어, 자수프로그램이다. 디자이너가 도안을 개발하여 의뢰하면 두세 가지 자수 기법의 자수 모형을 컴퓨터 기계에 맞게 디자인하는 프로그램이다. 자수 모형을 자수 작업을 하기 위해 자수의 기법이나 원단의 특성에 맞추고, 자수의 침수, 무늬의 디자인 작업을 한다. 컴퓨터 작업을 할 수 있게 프로그램을 작성하여 컴퓨터 자수기에 입력하면 무늬를 일정하고 고르게 수를 놓게 된다. 컴퓨터 자수기는 한 대에 헤드가 18개에서 20개가 있다. 수사는 원단을 기계에 넣고 작업을 하는 동안 실이 끊어지는 것과 원단의 상태를 확인하고 작업이 끝나면 원단을 빼서 정리한다.

요즘은 기술을 배우려는 자수사가 부족하다. 또 의류 시장의 과다경쟁 및 판매 부진에 따른 경영이 악화되었다. 원가절감을 통한 경영합리화의 일환으로 거래처의 다변화 및 동남아 지역에서의 아웃 쏘싱을 확대 실시하고 있다. 내수 경제는 판매 부진과 재고 누적으로 인해 자금 흐름이 경영 악화로 서서히 폐업하는 제조업들이 늘고 있다. 결국 우리도 사업을 정리했다.

어린 시절 어머니가 만들어준 옷의 기억을 떠올리며 어머니에게 사랑한다는 말을 하지 못한 것이 후회로 남는다. 어머니가 손수 만들어서 옷을 입히면서 나를 쳐다봤던 그 눈빛이 어렴풋이 생각난다.

결국 어머니가 나에게 심어준 옷의 세계를 통해 나는 패션 감각이 자랐다. 그 감각으로 의류 사업을 하였다. 나이가 들고 나서야 비로소 어머니의 덕임을 알게 되었다.

디자인 전공을 하지 않아도 미적 감각을 필요로 하는 의류업계에서 능력을 발휘할 수 있게 해주었던 뿌리가 바로 어머니였다.

(2019 수필시대)

나는 왜 그곳이 좋았을까

베트남에 갔다. 그곳에서 새로 시작한 남편의 사업을 도우러 갔다. 그 일은 베트남에서 사업에 성공한 남편 지인의 도움으로 시작되었다. 지인은 그곳에서 뿌리를 내린 초창기 멤버이다. 그는 실패를 거듭하고 사기를 당하기도 하면서 시행착오를 거쳐 오늘에 이르렀다.

창업한 일은 인쇄 동판을 중국에서 수입하여 유통하는 일이지만, 사업이 번창하면 기계를 구입하고 작업하는 일까지 구상하고 있다. 수입한 물건이 통관되기까지 며칠이 걸린다고 해서 시간적으로 여유가 생겼다. 그 틈을 이용하여 자연의 멋을 느낄 수 있는 메콩델타를 다녀왔다.

메콩델타는 개발을 하지 않고 본래의 모습을 보존하고 있는 곳이다. 메콩강은 중국부터 라오스, 미얀마, 태국, 캄보디아까지 흐르는 거대한 강이다. 강 하류, 베트남 남서부를 이루고 있으며 삼각주로 4개의 섬이 있다.

메콩델타는 한때 크메르 왕국의 땅이었다. 18세기 후반에 베트남에 병합되었다. 이곳에는 수상에서 살아가는 베트남 사람과 자연 그대로의 모습을 간직하고 있다.

그들은 강의 한복판에 삶의 기반을 두고 살아간다. 쪼그리고 앉아 그물을 수리하는 늙은 어부의 모습은 한가롭게 보였지만, 가슴 한편으로는 연민이 느껴졌다. 작은 쪽배는 무동력 보트이다. 인생의 중·후반 여인들이 노 젓는 일을 한다. 언젠가 TV에서 봤던 기억으로는 젊은이들이 그 일은 하지 않아, 일을 하던 여인들이 나이가 들어도 하는 것이라고 들었다. 노인 사공이 힘겨워 거친 숨소리를 낸다. 그 모습이 안타까워 뒤돌아보면 그들은 미소로 답한다. 사진 촬영을 하면 잠시 멈추어 포즈를 취해 주기도 했다.

메콩델타는 결코 화려하지 않았다. 볼거리도 그리 많지 않았다. 그러나 옛 정취를 간직하고 있으며 꾸밈이 없고 순수해서 매력이 있다.

메콩델타에 다녀오면서 어딜 가도 도시 같은 우리나라를 생각해 봤다. 산을 뭉개고 아파트를 짓고, 곳곳의 도심은 아파트 숲이 되어 있다. 관광지에는 유흥업소와 식당이 즐비하다. 옛 모습을 간직한 곳을 찾기가 어렵다.

미국에서 사는 지인 집에 갔을 때, 그 아파트는 100년이 넘었다고 했다. 그곳은 100년을 기본으로 하여 집을 설계하고 짓는다고 한다. 고장 난 곳은 고쳐서 쓰며 낡긴 했지만 살아가는데 지장이 없다는 이야기를 했다.

우리나라 아파트는 30년만 되면 재건축을 시도한다. 환경을 고려하지 않는 것 같아서 아쉽다. 내가 살고 있는 아파트는 40년째 접어드는데 20여 년 전부터 재건축을 계획하여 복잡하다. 입주민들끼리 갈등이 심해서 진행하기도 어렵고 그만 두기도 어려운 뜨거운 감자이다.

변화하는 것도 좋지만, 외국의 주택처럼 배관이나 배선을 외부로 노출시켜 낡고 고장이 나더라도 쉽게 보수할 수 있게 되어 있다. 산업쓰레기 배출을 줄였으면 좋겠다는 생각을 하면서도 낡은 우리 아파트가 빠르게 재건축이 끝났으면 좋겠다는 이율배반적인 욕구가 우리를 힘들게 한다.

30~40년 된 주택을 허물고 새집으로 짓는 것은 부동산 투기의 주원인이기도 하다. 자연과 환경을 고려하지 않고 있다. 우리가 살고 있는 곳만 반듯하다고 하여 삶의 질이 좋아진다는 보장은 어디에도 없다. 우선 먹기는 곶감이 달다는 식이 되고 말 것이다.

메콩델타는 개발되지 않아서 다시 가고 싶은 곳이기도 하다. 여행 중에 만난 사람은 3년 전에 왔는데 변한 게 하나도 없다고 했다.

타국에서 새 사업을 하면서, 메콩델타의 순수함과 변함없는 모습을 주춧돌로 삼아 정진하고 싶다. (2019)

버선발

누군가를 기다린다는 것은 설레고 행복하다. 괴로움과 눈물이 따르는 기다림도 있다. 그러나 기다림은 보람으로 나타날 수도, 아픔으로 다가 올 수도 있다.

신혼 시절, 토요일만 되면 시어머니는 남편과 나, 그리고 손자를 기다렸다. 연로한 나이에 늦게 본 손자를 보고 싶어 해서 주말이면 파주 본가에 갔다. 우리가 도착할 시간이 되면 문 쪽만 바라보다가 인기척만 나면 버선발로 우리를 환대했다.

나는 솔직히 가기 싫을 때도 있었다. 세 식구가 오붓하게 휴식을 취하고 싶었고, 피서도 가고 싶었다. 그러나 어머니의 사연을 듣고 그 생각을 접었다.

시어머니의 할아버지와 시아버지의 할아버지가 장기를 두었다. 내기 장기를 하다 밑천이 떨어진 어머니의 할아버지는 손녀딸을 준다고 했다. 그런 연유로 어머니는 시집을 오게 되었다. 어머니는 할아버지를 원망하며 시집가지 않겠다고 울며불며 떼를 쓰다 결국 16세에 시아버지와 결혼을 하게 되었다.

어린 나이에, 호랑이 시어머니에게 호된 시집살이를 했다. 마음이 착하고 순수한 어머니는 시어머니에게 한마디 말도 하지 않고 순종하며 살았다. 마음에 상처가 몸에 반영되었다. 40세 때에 중풍이 와서 온갖 치료를 했지만 반신불수가 되어 시아버지가 장을 보고 시누이는 집안일을 했다.

시누이에게 고마운 마음을 어찌 다 표현할 수 있을까. 오빠를 위해서 자신의 삶을 뒤로하고 어머니 대신 농사일까지 했다. 결혼해서 의류업을 경영하고 있던 시누이는 우리 부부에게 '컴퓨터 자수' 공장을 하라고 권유했다.

시어머니가 우리를 애타게 기다리는 이유가 있었다. 어머니는 결혼하여 딸을 낳고 아들 둘을 낳았다. 그 아들을 6·25 때 하늘나라로 보내고 상심의 세월을 보냈다. 어머니의 시어머니는 아들을 못 낳으면 대리모나 작은여자를 봐서 대를 이을 것이라고 하였다.

결혼이란 인생에서 가장 축복받아야 한다. 서로 자라온 환경이나 성격이 다른 사람이 만나지만 사랑하고 인내하며, 배려하고 공평하게 살아야 한다. 불과 몇 십 년 전만 해도 얼굴도 보지 않고 혼인을 하는 경우가 많았다. 자손을 이어야 며느리로 인정받던 시대이기도 했다.

나는 장기판에서 어머니의 결혼이 결정되었던 것을 생각하면 화가 났다. 어머니가 측은해서 잘 모셔야겠다고 다짐했다. 대를 잇지 못하면 다른 방법으로 대처한다는 것도 영화나 소설에서 봤던 얘기다. 그 당시 여성의 삶은 사회적 약자로서 제도에 얽매어 살았던 것이 가슴 아프다.

오늘날은 결혼을 하지 않고 아이만 낳아서 기르고 싶다는 이야기를 종종 듣는다. 결혼과 임신은 남자와 여자가 서로 선택해야 한다는 생각이지만, 각자의 주관적이고 견해 차이가 있기 때문에 뭐라 설명하기 어렵다.

어머니는 아들을 고등학교 때부터 서울로 유학을 보내고 주말이면 기다리며 살았다. 그 아들이 결혼하여 손자를 보게 되었으니 얼마나 기뻤을 것인가. 어머니의 얼굴에 웃음이 보이기 시작했다. 자신의 자손을 보게 한 며느리를 자랑했다.

이제 아들과 같이 사는 날이 되었다. 이별은 없을 거라 생각하며, 온 가족이 옹기종기 모여 같이 사니 덩실덩실 춤이라도 추고 싶었다. 그러나 골다공증에 걸려 허리는 점점 굽고 걸어 다닐 수 없게 되었다.

어머니는 버선발로 우리를 맞이했고, 먼발치에서 우리가 돌아가는 뒷모습을 지켜봤다. 어머니의 손때 묻은 물건이 하나도 없다. 빛바랜 앨범 속에서 사라진 기억을 찾아본다. 사진 속에 어머니의 하얀 고무신이 눈에 들어온다. 고무신 속에 감추어진 버선에서 새삼스럽게 어머니의 깊이와 존재감이 느껴진다. 오랫동안 걷지 못해 신발에 애착이 많았던 어머니가 우리를 버선발로 반긴 그때 모습이 떠오른다.

어머니가 우리를 기다린 것처럼 나는 손주가 오면 목소리 톤이 올라가고 맨발로 반긴다. 나중에 내 손주가 맨발을 생각하면 어쩌나.

(2018 지구문학)

놀이터에서

놀이터에서 아이들이 놀고 있다. 새로 지은 아파트는 각 동 앞에 놀이터가 있고, 부모는 집에서 모니터로 아이들을 볼 수가 있다. 아이들은 마스크를 착용하고 있어도 시끌시끌하다. 놀이터에서 들려오는 아이들의 소리는 소음으로도 들린다. 놀이터 앞에는 '소음자제'라는 문구가 적혀있다. 그러나 나는 아이들의 소리가 희망을 안겨 주어서 좋다.

얼마 전만 해도 빈 놀이터를 많이 봤다. 놀이터는 있어도 아이들이 없다. 시대가 변해서 사건 사고가 많은 불안한 세상이 되어서 마음 놓고 아이들은 밖으로 내보내지 못하고 있다.

그뿐인가 아이들은 바쁘다. 학원 스케줄과 악기 배우기, 수영, 태권도, 줄넘기 등 체력 단련하는 시간이 하루 일과이다. 아이들은 놀이터에서 놀 틈이 없다. 짬이 나면 PC나 스마트폰으로 게임을 하거나 유튜브에 심취되기도 한다.

그런데 주택가의 L동네에는 아이들이 많이 있다. 그곳 놀이터에는 오후가 되면 아이들이 바글바글 모여 있다. 의자에 앉아 아이들을 지켜보다 졸고 있는 할머니가 있고, 젊은 엄마는 어린아이가 미끄럼을 타고 내려오면 잘했다고 박수를 치고 있다. 한쪽에서는 킥보드를 타는 아이, 자전거 타며 동네 한 바퀴를 돌고 오는 아이, 아이들은 저마다 할 일도 많아 보인다.

무엇 때문인지는 모르겠으나 잘 놀던 아이들 중 한 아이가 울기 시작했다. 우는 아이의 보호자인 할아버지는 다짜고짜 함께 놀던 아이의 머리카락을 잡아당겼다. 또 몇 대 때리기까지 했다.

아이의 부모는 자신의 아이가 친구를 때려서 울린 줄 알고 그 집에 가서 죄송하다며 사과를 하고 할아버지의 긴 잔소리를 듣고 돌아왔다.

집에 와서 아이에게 자초지종을 들어보니 상황이 달랐다. 때린 것이 아니라 약간의 말다툼이 있었을 뿐이었다. 부모는 흥분하여 다시 그 집으로 찾아가서 아이들이 싸우면 어르신이 타이를 일이지 왜 남의 아이 머리를 잡아당기고 때렸냐고 했다. 참으로 어르신으로 타당치 못한 행동이라고 하자 할아버지는 그런 일이 없었다며 시치미를 뗐다. 그곳에 있던 아이들과 그 집 손자의 증언이 있었음에도 어르신은 불쾌해 하며 자신의 손자에게 다시는 골목에서 놀지 말라고 했다. 아이들은 언제 그런 일이 있었나 싶을 정도로 잘 놀고 있는데….

대중가요 가사에 '늙어가는 것이 아니라 조금씩 익어가는 것'이라고 했다. 노인의 특성은 자기중심적이 되고, 고집이 강해지며, 의존성이 높아진다. 새로운 것을 받아들이지 않고, 집착하고 의심 등이 있다.

돌아가신 어머니도 손님이 다녀가면 무언가 없어졌다고 의심을 했다. 손자 친구가 왔다. 어머니는 그 아이를 유심히 바라보고 있었다. 그 아이가 가고 난 다음에 자신의 돈을 훔쳐갔다고 해서 손자는 그날 할머니가 미웠다고 했다. 집안일을 돌보아 주러온 언니가 옷을 가져갔다고도 해서 마음이 불편했다. 그때 나는 40대라서 노인을 이해하지 못하고 어머니를 원망했다. 지금은 그 마음을 이해하지 못한 것이 후회스럽다. 나는 늙지 말고 조금씩 익어가는 삶을 살아야겠다.

J신부님의 강론에 늙지 않고 익으면 성공한 인생을 산 것이다. 익는다는 말은 내 안의 어떠한 가치를 향하여 꾸준히 나아간다는 뜻이다. 익어간다는 것은 어떠한 상황에서도 행복을 잃지 않고 능력이 향상한다는 뜻이라고 하셨다.

얼마 전 방영되었던 드라마 '꼰대 인턴'에서 꼰대질 하지 않겠다던 부장이 꼰대가 되어 있다. 주인공이 인턴 시절에 꼰대 부장에게 꼰대질을 받아 자존감이 손상되어 기분이 몹시 상해 있었다. 그 인턴사원이 부장이 되고 꼰대 부장은 시니어 인턴으로 재입사하면서 갑과 을이 바뀌고 통쾌하면서 코믹하게 복수를 하는 휴먼드라마이다. '꼰대와 요즘 것들'이 서로를 이해하게 되고 소통이 되어 어른으로 성장한다.

이렇게 세대 간 소통이 되고 배려를 한다면 이웃 간에 불화는 없어질 것이다. 아이들 싸움이 어른 싸움이 되어 불미스러운 일이 벌어져 얼굴을 붉히며 살 수는 없다. 싸운 아이 부모는 한마디만 듣고 싶어 한다. 어르신이 아이에게 미안하다고 사과를 해주기를 바란다. 그 어르신은 어르신 대접을 받고 싶지 않은지 계속 발뺌을 한다.

놀이터는 처음 독일에서 시작되었다. 이때는 놀이터와 학교가 연계되어 건립되었다. 대중을 위한 최초의 놀이터는 1959년 잉글랜드 맨체스터의 공원에 개장되었다. 유럽이나 미국 일본 등에서는 놀이터에서 유괴 등 범죄에 대한 예방으로 유료시설로 직원이 상주하거나 공공 놀이터에는 보호자가 함께 있어야 한다.

놀이터는 어린이들이 즐겁고 안전하게 놀 수 있도록 여러 놀이기구를 갖추어 놓은 장소 또는 시설을 의미한다. 이러한 곳에서 보호자는 아이들을 보호하고 아이들이 놀이를 하면서 규칙과 협동 사회성을 키울 수 있게 도움을 주어야 한다.

내가 어릴 땐 놀이터가 학교에서만 있었던 것 같다. 그래서 집 앞 골목에서 해가 지는 줄도 모르고 어머니가 저녁 먹으라고 불러야만 놀이를 중단하고 집에 들어갔다.

요즘 아이들은 부모들에 의해서 지나친 경쟁심과 과잉보호 속에 자라나는 경우가 많다. 학원이나 공부에서 벗어나 땀을 흘리며 마음껏 뛰어 놀도록 유도하면 좋겠다. 그러면 친구들과 원만한 관계도 만들고 공중도덕을 익히며 사회성도 길러질 것이다. 놀이터에서 재잘재잘 떠드는 소리, 웃음소리, 아이들의 고함소리, 티격태격 싸우는 소리, 넘어지거나 다쳐서 우는 소리를 들으면 소음 때문에 민감하게 받아들이는 사람도 있지만, 안전한 놀이터에서 뛰어 노는 아이들을 보면 행복해진다.

(2020)

2.

뛰고 날다

슬기로운 직장생활

컴퓨터 키보드 소리가 '도도도독' 경쾌하게 들린다. 키보드에서 나의 손놀림은 빨라진다. 생각은 그 속도를 순발력 있게 대처하지 못하고 그냥 그 자리에 머물러 있다. 문장이 연결이 되지 않고 머리가 아파온다.

나의 D그룹 회장 비서실에서 처음 직장생활을 시작했다. 출근하면 차를 준비하고 회장님의 일정을 체크하며 회사의 업무를 파악해야 했다. 단정한 외모와 복장에 신경을 써야 했고 공손하고 우아한 언어를 사용하는 것이 자유로운 성격인 나에게는 어울리지 않았다.

옆 사무실은 텔렉스실이 있었다. 그곳에 근무하는 H는 복장이나 외모적인 부분에 별 관심을 두지 않고 자유로워 보였다. 나는 텔렉스 학원을 등록하여 6개월 후에 자격증을 취득하였다. 다니던 직장을 퇴직하고 E무역회사 텔렉스실에 입사했다.

컴퓨터가 보급이 되기 전에 텔렉스 즉 인쇄전신기가 기업이나 언론기관에 통신망으로 사용되었던 것으로 기억된다. 텔렉스는 통신의 전문과 데이터를 전 세계의 모든 곳에 통신할 수 있는 전신 서비스이다. 가입자가 설치된 인쇄전신기와, 교환국에 설치된 교환 장치 및 이를 연결해 주는 반송 전신 회선으로 구성되어 있다.

텔렉스 시스템은 1930년대 초 독일을 비롯해 유럽의 몇 개국에서 시작되었다. 1930년대 말에 국제적인 서비스로 발전하게 되었다. 한국에서는 1965년 12월에 서독제 텔렉스 자동 교환 시스템이 도입되었다. 당시 국제 무역의 교신 방식으로 사용되었다.

텔렉스의 인쇄전신기는 보도 부호를 사용하며 분당 67단어의 속도로 전송을 한 반면에 인쇄전신기 교환방식(TWX)의 터미널은 미국표준부호(ASC11)를 사용해 최고 분당 150단어의 속도로 전문을 전송했다. 두 시스템을 연결하는 컴퓨터가 부호변환과 속도전환을 적절히 하면서 시간이 지연되기는 하지만 전문을 교환하는 것이 가능하게 되었다.

이 시스템은 전선을 사용하여 상대방을 다이얼로 불러내어 전문을 보내는 타이프라이터로 송신하는 것이다. 상대방이 없을 때도 통신을 보낼 수 있으며 내용이 기록으로 남아있다.

텔레타이프에 문자 키보드를 두드리면 자동으로 문자에 따른 부호로 바뀌고, 긴 테이프에 구멍이 뚫리게 되어 있다. 이 테이프를 송신기에 걸어 전기 신호를 보내면 수신자는 이 부호에 따라 자동적으로 테이프 위에 문자를 찍게 되어 있다.

1967년 컴퓨터 도입과 1972년 외환은행의 전용 데이터 통신 도입으로 인터넷 통신이 발전하였다. 1990년대 후반 인터넷이 보편화되면서 텔렉스는 새로운 것에 점점 몰락해 갔다.

나는 텔렉스실 선배에게 보름간 교육을 받고 실습하였다. 통신은 미국에 본사가 있어서 저녁 시간 보내야 했다. 선배와 번갈아 가면서 이틀에 한번 야근을 하게 된다.

처음 혼자서 야근을 하게 된 운명의 날이었다. 나는 열심히 텔레타이프를 쳤다. 긴장할수록 오타가 나오기 시작하면서 미국으로 송신할 때를 놓치고 말았다. 급기야 미국에서 전화가 왔다. 전문을 보내라는 내용이다. 영어에 서툰 나는 just moment만 거듭하고 죄송하다는 말만 했다. 땀을 뻘뻘 흘리며 어찌 어찌 송신을 했다. 오타도 있었다. 손이 떨리고 땀으로 흥건히 젖은 손을 바라보며 그만 울음을 터트리고 말았다. 아무도 없는 텅 빈 사무실에 통금이 있던 그 시절에 자정이 가까워 오면서 불안에 떨었다.

그 당시 나는 인천에 살았고 근무지는 서울 시청 쪽에 위치하고 있었다. 사무실을 정리하고 밖으로 나오자 경비가 걱정하며 택시를 잡아 주어서 서대문에 살고 있는 고모 댁으로 갔다. 야근을 하는 날이면 고모 댁에서 출퇴근을 하곤 했다. 자정이 가까이 되서 고모 댁에 도착하면 고모는 그 시간에 밥을 차려주며 기운내서 직장생활에 적응하라고 위로했다.

어느 날은 무역부 직원이 보내라는 내용이 다른 것과 바뀌어서 상사에게 꾸중을 들었다. 어떤 때는 숫자를 잘못 기입해서 회사에 손실을 보게 될 뻔한 일도 있었다. 지금 생각하니 아찔하고 숨 막히는 순간들이었다.

몇 달이 흐르고 나는 베테랑이 되어 갔다. 자정이 되어 애태우는 횟수가 줄어들었다. 회사는 무역의 날에 수출탑 수상도 하고 나도 인정을 받을 무렵 후배가 입사하여 야근은 3일의 텀이 생겼다.

복장은 회사 유니폼을 입었기 때문에 자유로웠다. 텔렉스실 만의 공간에서 웃고 울었던 지난날들이 그립다. 실수를 했을 때 선배의 따뜻한 말 한마디가 힘이 되었고 고마웠다.

처음 야근하던 날, 미국 본사 직원의 배려와 기다림이 없었더라면 슬기로운 직장생활을 할 수 있었을까. 지금 생각해도 아찔하다.

그나저나 그때의 그들은 어디서 무엇을 하며 살고 있을까. 지나치다가 마주쳐도 모르겠지.

(2020)

도전하는 삶

'인스타그램' '페이스북' '카카오스토리'에서 낯선 사람과 친구를 맺고, 소통을 한다. 나는 살아가는 일상과 특별한 날, 또는 여행의 추억을 담아서 부연 설명을 하고 SNS에 올려 반응을 보는 재미에 푹 빠져 있다.

누군가가 반응을 보여 팔로잉 수가 늘어나는 것은 인기가 많다는 것이다. 내가 올린 것에 관심도를 확인하려고 핸드폰을 자주 꺼내 보는 습관이 생겼다. 새벽 시간에 사진을 올려 봤더니 '좋아요' 숫자가 순식간에 올라와 있다. 흥분하여 들여다본다. 이젠 시간대를 가리지 않고 핸드폰을 끼고 사는 사람이 되었다.

이번 여름, 성당에서 1천여 명이 용평으로 2박 3일 가족캠프를 갔다. 나는 가족이나 단체를 대상으로 인터뷰를 하는 몫을 맡았다. 한 가족 당 자기 소개와 소감 등 간단하게 30초에서 1분가량 영상을 찍고 취재하는 일이었다. 그것을 2일째 캠프파이어 하는 날 큰 전광판에 올렸다. 자신을 찾아보고 즐거워하는 시간이 되었다. 그것을 본 사람들은 자신들이 TV에 나왔다고 행복해 했다. 어릴 적에 불렀던 "텔레비전에 내가 나왔으면 정말 좋겠네에 정말 좋겠네." 를 부르던 어린이가 이제 어른이 되었지만 우리의 본능 중에는 내가 남보다 유명해지고 싶고, 내 존재감을 드러내 보이고 싶은 본능이 잠재되어 있는 것 같다.

아무래도 이번 행사에서 사람들을 기쁘게 한 하이라이트는 인터뷰 장면이었는가 싶다. 어린아이들도 그렇지만 사람의 마음에 동심이 있어서, 유쾌하고 재미있다는 것을 표정에서 느낄 수 있었다.

천여 명이 동원된 행사에 내가 이들을 취재하고 사진 찍으니 살짝 설렜다. 캠프에 참여한 사람들도 상기되어 있었다. 초면인 사람들은 녹화하기 전에 대화를 하여 친숙한 단계가 되면 인터뷰 하겠으니 가족 소개와 소감을 말해 달라고 주문했다. 허물없이 지내는 사람들에게는 날씨와 제일 좋았던 점, 집에 가서 먼저 하고 싶은 것 등의 질문을 미리 준비하게 하였다.

인터뷰를 할 때 온 가족이 적극적으로 승낙하여 수월하게 진행을 해준 팀이 있고, 쑥스럽다고 하면서 할 말 다 하는 사람, 싫다며 도망가는 사람, 당황해 하는 사람, 특히 어린이들은 엄마가 오자고 해서 억지로 왔다는 아이, 어른들하고 오니 심심하다는 아이가 있었다. 그런 반면, 물놀이와 게임과 노래자랑이 재미있었다며 흥분하는 아이들도 있었다.

어느 가족은 아버지가 교우가 아닌데도 캠프에 와서 가성비 좋고, 자유 시간을 주어 구속받지 않아서 좋다고 했다. 그분에게 입교할 것을 다짐받기도 했다.

가족의 종류도 다양했다. 원 가족, 손주들과 자녀와 온 대가족, 딸 가족과 온 팀, 아들 식구와 온 팀, 부부 팀, 자매 팀, 친구 팀, 신심단체 팀, 어떤 소속에서 온 팀 등 다양했다. 나는 가족과 휴가를 맞추지 못해 혼자 왔지만 성당에서 호스피스 팀과 한 팀이 되었다. 그래서 인터뷰를 하거나 사진을 찍을 때 자유로웠다.

SNS에서 낯선 사람과 친구가 되어 소통을 해왔던 터라 잘 할 수 있으리라 믿었으나 막상 친교가 없던 사람들과 인터뷰를 하려니 생각했던 질문이 쉽게 나오지 않았다.

인터넷상에서 대화는, 직접 대면하지 않고 모르는 사람과 글로써 소통하는 것이라서 고무적이나 다양한 정보를 얻을 수 있는 장점이 있다. 캠프에서의 인터뷰는 낯선 사람일지라고 얼굴을 마주하고 짧은 시간 대화를 해 보았지만 친근감이 들었다. 다른 곳에서 마주치면 반갑게 대할 수가 있을 것이다.

인터뷰는 특정한 목적을 가지고 개인이나 단체와 대화를 나누는 일이다. 인터뷰 대상을 찾아보고 질문을 생각하며 자신을 표현한다는 것은 나를 설레게 하고 성장하게 한 부분이었다.

문화홍보분과에 미디어부가 신설되어 캠프 행사에서 일을 해 보았으나, 결과보다 새로운 일에 흥미를 느끼며 봉사를 한다는 것이 더 재미있었다. 내가 살아가는 재미 중의 하나라는 것을 새롭게 발견했다.

몇 년 전 명동성당에 갔다가 평화방송 라디오 어느 프로그램에서 취재 나온 리포터에게 갑자기 질문을 받은 적이 있다. 그때는 놀래서 무어라고 대답을 했는지 기억이 나지 않았다. 방송을 청취하다 두서없이 말한 내용을 듣고 황당한 일이 있었다.

또 한 번은 어느 방송국에서 어떤 내용을 인터뷰 한다고 준비하라고 했다. 그 시간은 예쁘게 치장을 하고 미리 말할 내용을 생각해서인지 별 문제가 없었다. 그 방송을 본 지인이 칭찬을 해주었던 생각이 난다.

자연스러운 인터뷰를 하려면 내가 인터뷰를 받은 경험이 많을수록 좋겠다는 생각을 했다. 다양한 경험이 필요하고, 인터뷰 당했을 때 느낀 감정을 이용하여 핵심 내용의 답이 나오도록 질문을 해야겠다는 것을 깨달았다.

그 일이 있고 나서, TV에서 인터뷰 장면이 나오면 심장이 뛴다. 질문과 대화를 어떻게 이끌어 가는지. 질문할 때의 태도와 말씨는 어떠한가를 관찰하는 버릇이 생겼다. 질문 당하는 사람의 심중과 대답하고 나서 느낌도 헤아려본다.

피하지 않고 응하는 나의 삶은 도전이다.

(2019. 청담수필)

뛰고 날다

남편이 해외 출장을 갔다. 그 틈새를 놓치지 않고 딸이 아이들을 데리고 왔다. 8개월 된 손자가 얼마 전에 병치레하더니 부쩍 엄마를 밝힌다. 낮이고 밤이고 껌딱지가 되어있다. 그나마 사람이 많은 곳에서는 자신이 어떻게 하면 예쁨을 받는지를 알기에 잘 놀고 이 사람 저 사람에게 잘도 간다. 남들이 보기에는 순한 아이로 평가되고 있으니. 환장할 노릇이다.

딸은 하루하루 지쳐가고 있다. 모유 수유를 하고 있는 딸은, 밤이면 젖을 빨고 자는 아이 때문에 잠을 잘 수가 없다고 널브러져 있다. 그런 딸이 안쓰러워 단유를 권했다.

오늘도 새벽에 아이가 운다. 어르고 달래면 달랠수록 더 큰 소리를 질러댄다. 하는 수 없이 딸에게 아이를 주었지만 잠을 청할 수 없었다.

어제 최 선생님의 수필책 『멀리 뛰는 봄』이 도착해서 그 책을 읽기로 하고 서재로 왔다. 단숨에 읽었다. 선생님과 나는 '청담수필동호회'에서 같이 활동을 하고, 같은 해에 등단을 했다. 그리고 같은 해에 처녀수필집을 발간했다.

작가의 진솔한 마음을 3시간 동안 여행했다. 동생의 죽음은 내 동생이 죽었을 때를 연상케 해서 눈시울이 붉어졌다. 어머니가 많이 아파서 아버지가 뱀을 직접 달여 주어서 10년을 살았다. 아버지를 만나러 가서 산책하다가 뱀을 만나 무서웠다는 글에서 나는 직접 뱀을 보지는 않았지만, 며느리가 회임했을 때 꿈에서 본 태몽으로 손자가 태어났다.

나의 부모님이 봄, 가을이면 입원했다. 아버지가 입원했을 때는 나는 병원에서 학교를 다녔다. 아버지를 간호한다는 명분이지만 아마 아버지가 나를 보호했던 것 같다. 학교에 가면 친구들은 병원냄새가 싫다고 질색했다.

작가는 어머니가 아팠을 때 아버지가 효도하는 마음으로 어머니를 간병하라고 했다. 어머니가 나으면 유학의 꿈을 안고 어머니를 돌보아 10년을 더 살았다. 나는 어머니가 간섭하는 것이 싫어서 도망 다녔던 일이 떠올라 반성을 했다. 이미 때는 늦었지만….

제삿날 수박을 따러갔던 행랑채 길호아범이 미끄러져서 정신을 잃은 모습을 목격한 뒤 수박을 먹지 않는다고 했다. 나는 동생이 카레라이스를 먹다가 경련을 일으켜 카레라이스를 먹지 않았다.

나는 병원에 대한 트라우마가 있다. 아버지는 천식으로 어머니는 당뇨로 입원했고, 동생은 류마치스 관절염으로 생을 마감했다. 나는 병원에 가지 않으려고 운동을 열심히 했다. 운동을 하니 건강에 자신이 생기고, 몸의 스타일이 예쁘게 되어 좋았다.

작가와 나는 명분은 다르지만 먹지 않는 음식이 있는 것과 부모님이 지병으로 안타까워했던 점은 닮은 것 같다. 작가의 손은 뼈만 앙상한 손이다. 나는 투박하고 거친 손이다. 손 생김새만큼이나 서로 다른 개성이지만 손이라는 도구를 통해 우리는 글을 짓고 있다.

나는 글을 쓰기 시작한 뒤 마음이 편안해짐을 느낀다. 아버지를 닮아 기관지에 염증이 있어서 항상 목을 감싸고 다녀야 했다. 하지 못한 말, 화해의 글을 쓰면서 내적 치유의 힘을 느낀다.

최 작가는 『멀리 뛰는 봄』 나는 『공작새 날다』를 수확했다. 뛰고 날고 희망이 보인다. 희망의 끈을 놓지 않고 이어가기를 바란다.

마음속과 밖이 조화를 이루어 글밭에서 익어가는 손이 되기 위해 아이의 울음소리를 들으며 글을 쓰고 있다.

어느새 창밖은 어슴푸레 빛이 스며온다.

(2019 문학시대 수필가회)

몸으로 말해요

"깔깔, 까르르 까르르, 끄윽 끄윽."

박장대소를 하며 웃다가 숨이 멎을 뻔했다.

화실에서는 해마다 두타산으로 스케치 여행을 간다. 두타산 입구에 화가가 운영하는 펜션으로 간다. 그곳에서 전시한 그림을 감상하고 산행을 하며 현장 스케치도 한다.

우리 멤버 중에 요리하기를 좋아하는 언니가 있다. 이번 여행에서도 다양한 음식이 준비되어 있다. 양배추, 물김치, 토마토와 고추로 만든 피클, 가지, 고추, 잡채, 문어숙회, 함박스테이크, 콩나물 비빔밥, 부추전 등 먹을거리가 풍성했다.

2박 3일의 여행에 한 달 여정인 양 음식 준비를 해온다. 여행에서 먹는 것이 없으면 즐거움이 줄어들 것이다. 아침 산행을 하고 오면 배가 고프다. 언니는 맛난 음식을 준비하며 우리를 기다린다.

산행을 마친 우리는 게걸스럽게 먹어 치운다.

아침을 먹고 도시락을 준비하여, 스케치를 하러 가려고 도구를 챙겼으나 하루 종일 비가 그칠 기미가 보이지 않았다. 우린 그림 그리기를 포기하고 게임을 하기로 했다. 팀을 정하고 '쿵쿵따 끝말 잇기', '이구동성 게임'에 이어 '몸으로 말해요'를 했다. 속담을 몸짓만 해야만 한다. 그 몸동작이 재미있다. 팀의 한 사람이 속담을 몸으로 설명하면 뒤돌아 있던 사람에게 말은 하지 않고 몸짓으로만 해서 답을 맞추어야 한다.

답이 나오지 않으면 몸동작은 더 우스꽝스럽게 변하고, 그것을 보고 창자가 끊어질 정도로 웃음이 터지고 말았다.

'가난한 집에 자식이 많다'라는 속담을 설명할 때 난감해 하며 이를 잡는 모습과 아이 낳는 장면을 연출해서 정신을 차릴 수 없었다.

'꿩 먹고 알 먹고'를 표현했을 때도 맞추지를 못하고 '닭의 새끼 봉 되라' '닭 길러 족제비 좋은 일 시킨다' 등 닭에 대한 말만 나오니 제시자는 알을 낳는 모습을 보여 웃다가 뒤집어졌다.

TV오락 프로그램에서 이 게임을 봤을 때는, 답이 곧바로 나올 것 같았다. 집에서 시청하는 입장에서는 오버하는 것 같았는데 직접 해보니 패널들이 꿀잼하는 이유를 알 것 같았다.

일상에서 벗어나 동심으로 돌아갔다. 그날을 생각하면 미소와 함께 흥분되기까지 한다.

이번 두타산 스케치 여행에서 비가 와서 그림은 그리지 못했지만, 게임을 통해서 웃음폭탄을 선물 받았다.

돌아오는 날은 비가 내리지 않아 산행을 했다. 두타산의 운무가 신비롭고, 바위들의 침봉은 하늘을 찌를 듯하다. 무릉계곡은 깊고 그윽했다. 환상적인 폭포를 보니 저절로 함성이 나오며 그 분위기에 빠져들었다. 아름답고 신비로운 자연에 감탄하며 웃음소리가 그치지 않았다. 우린 마주보며 '사랑해', '고마워'를 연발하며 즐거워했다.

같은 취미를 가진 사람들끼리 언제라도 이야기보따리를 꺼낼 수 있어 참 좋다.

(2018 청담수필)

뜨거운 하루

군 장병들 몇 백 명 앞에서 '성 가치관' 강의를 할 기회가 생겼다. 고심하다 강의를 하기로 결심하였다. 사백오십 명의 눈이 나를 주시하고 있다. 강단에 서기까지 떨리는 심정을 진정시키며 어머니를 생각했다.

나는 어릴 때부터 어디서든 나서기를 좋아하고, 어른들 앞에서 춤을 추고 노래를 부르며 나에게 시선을 집중하기를 원했다. 그런데 중학교 때 웅변대회 나가서 중간에 말이 막혔다. 머릿속이 하얘져 도무지 다음 말을 이어갈 수가 없고, 순발력을 발휘할 수 없었다. 강단을 꽉 매운 사람들이 나만 바라보았다. 순간 무섭고 겁이 났다. 그 일 이후로 많은 사람들 앞에 나서기가 두려워졌다. 어린 마음에 부끄럽고 창피했다.

웅변대회 이후 낙심한 나는 구석자리 신세가 되었고, 사람들의 시선을 피했다. 그러던 어느 날 어머니가 학교 앞에서 나를 기다리고 있었다. 어머니는 내가 좋아하는 돈가스를 사주며 말했다.

"나는 너를 믿는다. 이번 경험으로 겸손이라는 것을 배웠지. 엄마 딸! 기운내고 예전처럼 씩씩했으면 좋겠다."

평소에는 무서웠던 어머니가 맛있는 것도 사주고, 격려를 해 주니 세상에 부러울 것이 없었다. 어머니의 힘이 되는 말이 없었으면 오늘 강단을 꽉 채운 관중 앞에서 강의를 할 수 있었을까를 생각해 본다.

텍사스 레인저서 야구선수(명포수) 짐 섬머그의 이야기가 강의의 주 내용이었다. 짐 섬머그는 어릴 때 아버지와 캐치볼을 했다. 볼을 잘못 던져 아버지 머리 위로 날아가도, 헛스윙을 해도, 이웃집 창문을 깨거나 자동차를 망가뜨려도, 아버지는 이렇게 공을 세게 던질 수 있다니 넌 언젠가 메이저리그에서 뛰게 될 거라고 하며 격려해 주었다. 그는 메이저리그에서 선수생활을 하는 동안 3번의 올스타상과 6번의 골든 글러브상을 받을 수 있게 되었다.

그는 은퇴를 하고 유명 강사가 되었다. 어느 날 교도소를 방문하여 죄수들 앞에서 자신의 어린 시절 이야기를 하고 내려오는데 한 죄수가 다가와 말을 건넸다. 그의 아버지는 항상 못난 놈이라고 하며 철장 신세를 질 놈이라고 했단다. 그래서 지금 아버지의 말처럼 감옥에 있다고 했다. 희망과 용기를 준 야구선수의 아버지처럼 어머니는 나에게 희망과 용기를 주었다.

나는 어머니의 말 한마디에 두려움을 이겨낼 수 있었다. 강단에 설 시간이 다가오면 침이 마르고 화장실을 자주 들르게 되었다. 기도를 하고 하느님에게 모든 것을 의탁하며 강단에 오른다. 떨렸던 마음이 차츰 편안해지기 시작한다.

서서히 떨림은 사라지고 나도 모르게 두루마리가 풀리듯 말이 술술 나온다. 사람들과도 눈을 맞추고, 내 목소리에 힘이 생겼다. 군인들은 나를 응시하며 대답을 해주고, 질문도 한다. 나는 이들에게도 어머니의 이야기를 들려주었다. 여러분도 동료나 친구에게 힘이 되는 말 한마디를 해보라고 했다.

마음이 뜨거운 하루였다.

(2018 청담수필)

바람이 분다

미세먼지에 전국이 갇혀있다. 근심걱정을 뒤로하고 수필반에서는 안양 예술공원으로 봄나들이 겸 문학기행을 갔다.

봄날의 따뜻한 햇살은 마음의 미세먼지까지 걷어갔다. 간간히 불어오는 바람은 봄날의 여유를 느끼게 했다.

예술 공원 초입에 김중업박물관이 있다.

김중업은 우리나라의 1세대 건축가이다. 그는 모더니즘 건축의 거장 르 코르뷔지에 문하에서 3년여 동안 수학했다. 한국에 모더니즘 건축을 도입하였다. 김중업박물관은 그가 직접 설계한 유유제약 안양 공장을 리모델링했다.

공장은 허물고 흔적인 기둥은 역사를 증명이라도 하듯 그대로 남겨 놓았다. 마치 폐허가 된 것 같기도 하고, 불에 타 기둥만 남은 것 같기도 했다. 그런데 그것이 건물의 구조를 직접 드러내는 조형미를 살렸다. 우리는 여러 기둥을 사이에 두고 자유롭게 사진을 찍었다. '나 잡아봐라'를 연출하며 영화나 드라마에서 연인들이 하는 '클리셰'를 재현했다. 어린아이가 되어 손잡고 동요를 부르기도 했다. 아까시 꽃으로 반지와 팔지를 만들고 풀밭에 앉아서 준비해온 과일을 먹으며 글밭에서 만난 인연에 대해 많은 이야기를 했다. 그리고 김중업박물관으로 향했다.

이어폰을 착용하고 건축물 그림 앞으로 가면 건물에 대한 설명과 김중업의 생애 등 설명을 들을 수 있었다. 김중업은 꼼꼼하게 노트와 앨범에 건축 도면을 기록하였다.

전시실 중 한 곳은 자신이 설계한 서산부인과가 그대로 재현되어 있다. 나는 건축에 대해 잘 알지 못하지만, 지금의 어떤 건축물보다 멋지고 아름다웠다. 평면도는 자궁의 모티브로 설계했다고 한다. 외형은 둥근 곡선의 자궁과 남근 모양이다. 건물을 연결하고 있는 통로는 발코니로 되어 있다. 흰색건물은 순수함이 담겨져 있고 새 생명이 태어나는 순간이 소중한 존재라는 것을 말해 주는 듯하다. 아기의 출생을 희망으로 노래한다.

딸이 셋째를 회임했다는 소식에 나는 낙담을 했던 기억에 살짝 겸연쩍었다. 수없이 동대문 쪽으로 다녔어도 관심이 없어서 눈여겨 보지 않았던 실제 건물이 보고 싶어졌다. 지금은 산부인과 대신 다른 용도로 쓰이고 있다고 한다.

시누이 부부는 자연사박물관을 운영하고 있다. 박물관을 지을 때

몇 사람 건축가의 손을 거쳐 설계도면이 완성되고 시행착오를 겪은 뒤 웅장한 모습의 건물이 선보이게 되었다. 원형의 곡선을 이용하고 공룡을 소재로 한 박물관이 완공되기까지의 과정을 나는 지켜보았다. 그 건물이 완공되고 시누이 부부와 조카는 허리 수술을 하는 불상사가 일어났다. 그만큼 건물 한 채가 지어지는 과정은 힘든 작업이었다.

김중업 건축가의 작품은 현대 건축물에 비교해 봐도 형태미가 뒤떨어지지 않고 오히려 건축미가 뛰어났다. 건축의 기능을 잘 살려 설계를 해서 건물의 묘미를 느끼게 한다. 그는 시인이기도 했다.

살고 싶어져야 하잖은가
꿈이 있고 시가 있고
사람들이 옹기종기 정다웁게
모여살고 싶어져야 하잖은가

그는 시가 있고 꿈이 있는 집을 꿈꾼 건축가이다.

건너편 공간 기억에서는 안양의 발전에 관한 기록 사진전을 했다. 사진에 관심이 많은 나는 어떻게 사진을 찍고, 무엇을 제시하는가 보았다. 작가 이름은 생각나지 않는다. 철거예정인 안양 덕천마을을 빨간색으로 칠하고 건물이 사라지는 과정을 사진으로 표현한 작품이 인상적이었다. 나는 빨간색이 미세먼지로 느껴졌다.

문학기행을 이곳으로 추천한 분에게 고맙다고 눈인사를 했다. 건축에 대해 무외한인 내가 현대 건축의 거창인 김중업을 알게 되고 그의 생애와 건축물을 조사하게 되었다. 건축의 특성에 낭만을 표현하고 구조는 그 시대를 넘어 현대 건축의 모티브가 된 것 같다.

내 가슴에 바람이 분다. 호기심이 많은 나는 또 건축을 공부하고 싶은 꿈을 꾼다. 이 바람 진정 시켜줄 사람 어디 있나요.

*클리셰(cliché): 진부하거나 틀에 박힌 생각 따위를 이르는 말. 영화에서 사용될 때는 오랫동안 습관적으로 쓰여 뻔하게 느껴지는 표현이나 캐릭터, 카메라 스타일 등을 포괄적으로 지칭함.

(2020 문학시대수필가회)

엄마니까

두타산 산행 중에 새끼 다람쥐를 만났다. 다람쥐는 사람들에게 먹을 것을 달라고 칭얼댄다. 먹던 빵을 던져주니 얼른 받아 맛있게 먹는 모습이 손주의 재롱을 보는 듯 귀여워서 한참 바라보고 있었다.

손주가 태어난 지 한 달 되었을 무렵 황달이 심했다. 병원에 가니 수치가 높아서 입원 치료를 받으라고 한다. 딸은 억장이 무너진다며 그 자리에 주저 앉았다. 엄마니까 더 애처로운가 보다. 그런 딸을 보니 내 마음 또한 무거웠다.

퇴원한 아이는 울 힘도 없이 지쳐 있는데 딸은 지켜주지 못해 미안하다며 그 아이를 계속 안고 쓰다듬었다. 그 결과, 계속 안아 달라고 보채고, 잠투정이 심한 아이가 되었다.

내 아들 역시 잠투정이 심하고, 토끼잠을 자서 감당하기 힘이 들었다. 3살 때는 편도염으로 입원했다. 나도 딸과 같은 심정이었다.

병실에서 아이를 지켜보며 많이 울었던 때가 떠올랐다. 모든 엄마 된 마음은 똑같으리라 여겨진다.

축농증과 편도염은 어떤 방법으로도 낫지를 않았다. 내가 탕약을 끓여 주면 어린애가 무릎 꿇고 마시며 빨리 낫게 해달라고 소원을 빌었다. 결국 6살에 수술을 했다. 아이는 엄마를 안심시키려고 아프지 않다며 웃는데 엄마인 나는 애간장이 다 녹는 듯했다.

이렇게 자식 앞에 엄마는 애틋한데, 제주 성지순례길에 만난 정난주 마리아의 심정은 어떠했을까? 천주교 박해 유배 길, 추자도에 두 살 난 젖먹이를 해안가에 내려놓고 차마 떨어지지 않는 발걸음을 떼었다니 얼마나 외롭고 고통스러웠을까.

관노로 37년간 지냈지만 아들을 찾지 않았다. 어찌 자식이 그립지 않았을까. 아들까지 평생 관노로 살게 할 수는 없었을 것이다.

성모 마리아가 아들을 잃고 이틀간 신도 신지 못하고 밤이고 낮이고 아들을 찾으러 다녔던 사건도, 영화 '밀양'에서 숨바꼭질을 좋아하던 아들이 영영 돌아오지 않게 되었을 때 종교를 불신하고 위태롭게 사는 모습도 다 엄마니까 가능하다는 생각을 해보았다.

아파하는 손주를 지켜보는 딸에게서 나를 보았다. 아들이 수술할 때 밖에서 수술실 문만 지켜보던 내가 떠올라 마음에 먹구름이 몰려왔다.

세월이 흘러 아이들이 결혼하여 손주를 안겨주고 그 아이들이 재롱을 부리며 내 주위를 맴돌고 있다. 잠투정이 심한 녀석을 안고 어르는 딸이 있고, 다른 아이들을 때리고 꼬집어서 손이 발이 되도록 빌러 다니는 며느리가 있다. 이들은 엄마니까 힘이 들고 수치스러운 것도 감수하는 것이리라. 그 모습이 측은하기까지 하다.

모파상의 소설 『여자의 일생』에서도 눈물겨운 엄마의 모습을 만날 수 있다. 남편에게 사랑을 잃고 아들에게 희망을 걸었지만, 기대와는 달리 방탕아가 된 아들은 자신의 딸을 그녀에게 맡긴다. 하지만 그녀는 좌절하지 않고 손녀에게 모든 애정을 쏟는다. 그녀도 엄마니까 불행한 현실에서도 꺼지지 않는 희망을 품는다. 손녀를 통해 도리어 행복을 느낀다. 엄마들의 일상이 새삼 실감난다.

(2019. 문학시대)

버킷리스트를 지우며

나열해 놓은 버킷리스트를 지웁니다. 남편이 제안을 했습니다. 우리나라 111곳의 성지순례를 하고 싶다고 했습니다. 그것이 자신의 버킷리스트 중의 하나라고 했습니다.

성당 행사에서 사진을 담당하는 저에게 성지순례 동호회 총무는 제1차 성지순례 완주자에게 축복장 수여식을 하는데 사진을 찍어 달라는 부탁을 받았습니다.

그때 사진 촬영을 하면서 성지에 가서 도장을 찍고 그것으로 축복장을 받는다는 것이 이해가 되지는 않았습니다. 하지만 남편의 권유로 성지순례를 다닌다는 것이 얼마나 감사한지 새삼스럽게 느꼈습니다.

순례객을 부른 성지에서 믿음의 뿌리를 점검하고 성찰하는 시간을 가졌습니다. 순교자들은 가족과 떨어져 삶의 터전까지도 버리고 산속에 숨어들어갔습니다.

죽림굴을 올라갈 때, 순례객들은 힘들어 했습니다. 한 시간 남짓 올라가는 길은 드문드문 아스팔트가 깔려 있고 오르막길이었습니다. 그러나 박해시대에 그 길은 멀고 험한 산을 넘어 신앙인들을 뒤쫓는 포졸들을 피해 숨어 다녔던 길이었습니다. 그런 선조들을 생각하니 힘들다는 생각은 사라지고 저는 그들이 되어 동굴까지 갔습니다. 주변에 대나무가 숲을 이루고 있어서 숨어 살기에는 자연 조건이 잘 갖추어진 곳이었습니다. 죽림굴은 100명 정도 들어갈 수 있었습니다.

참나무가 많아서 진목정이라 불리는 진목정 성지는 경사가 심해서 '십자가의 길' 기도를 바치면서 올라가야 힘을 덜 들이고 올라갈 수 있었습니다. 비가 와서 산사태로 인해 12처와 13처는 심하게 훼손되어 있었습니다. 밧줄로 이어 놓은 위험한 길을 올라가서 범굴에 도착했습니다. 병인박해 때, 허인백 야고보, 김종륜 루카, 이양등 베드로는 박해를 피해서 비좁은 범굴에 3대가 숨어 살면서 신앙을 버리지 않고 죽음으로 증거한 곳이었습니다.

순교자들은 목숨보다 더 소중하게 지켰던 그들의 믿음이 피의 순교로, 오늘날 성지에 오르는 길은 더없이 아름답고 주님께 향하는 길이 되었습니다.

청담동 성당의 성지순례동호회에 입회하여 첫 번째 순례길에서는 순례 도장 찍는다는 것이 어색하고 불편하였습니다. 그러나 그것이 성지를 찾는 역할이 되었고 도장 확인은 길잡이가 되어 순례길을 향하도록 했습니다.

저는 순례길에 사진을 찍고 영상을 만들어 성지순례팀에게 배포하여 추억의 장을 만들어 그 믿음의 길을 전하는 봉사를 합니다. 성당에서 만나는 성지순례동호회 회원들은 한결 같이 웃음을 잃지 않고 따뜻한 손길을 내밉니다.

성지순례동호회의 회원들과 순례길을 오르는 길은 서로의 믿음이 충전되어 신앙생활의 다리를 이어줍니다. 또 답사도 참여하여 성지를 미리 가서 점검을 합니다. 하루가 다르게 변화하는 성지를 바라보며 때로는 안타깝기도 하고, 예수님을 맞이하기 위해 집 청소와 음식을 장만하는 마르타를 생각하게도 합니다. 개인적인 생각으로는 성지가 옛날 모습 그대로 보존 되었으면 하는 마음입니다.

남편은 해외 출장으로 인해 20여 곳을 가지 못해 버킷리스트를 지우지 못하게 되었습니다. 저는 남편과 함께 보충 순례를 했습니다. 남편과 순교자들을 만나러 가는 길은 우리 부부의 촉매 역할을 하여 부부의 삶을 풍요롭게 합니다.

남편과 같이 성지순례를 다니면서, 내면을 정비하고 자기성찰을 하며 믿음의 뿌리가 되어 성가정의 은총을 내리기를 기원합니다. 성지순례를 할 수 있도록 시간을 허락해 주신 주님께 감사를 드립니다. 또한 용기와 동기부여로 격려해준 성지순례동호회 회장님과 회원들께 감사합니다.

(2020)

부다페스트의 달밤

도시의 밤거리는 대낮보다 환하고 네온사인의 불빛이 화려하다.

내가 사는 아파트 주변에는 고층빌딩이 숲을 이루고 있다. 이 늦은 시간에 빌딩의 창가에 불빛이 새고 있다. 아직도 일을 마치고 못한 사람들이 있다. 간혹 밖에서 업무의 연장인지 술을 마시며 고성방가 소리도 들린다.

그 소리도 네온사인의 조명도 공해차원으로 보기 시작했다. 네온사인은 예전엔 수은을 사용하여서 몸에 유해하고, 전기 소비량이 많았고 고장도 잦았다. 요즘은 LED조명의 발달로 아름답고 멋지게 제작할 수 있어서 집이나 카페 식당 등에서 핫한 트렌드로 바뀌고 있다.

늦은 시간 코엑스 앞을 지날 때면, 여러 개의 옥외 전광판이 형형색색의 빛을 낸다. 다양한 디자인과 색채를 표현하여 기업의 이

미지를 부각시킨다. 또한 도시의 야경을 아름답게 수놓을 수 있으나, 화려한 빛으로 근처에 사는 사람들의 의견은 분분하다.

아무개는 동네가 환해서 범죄에서 조금은 해방될 수 있다고 하고, 아무개는 뒤숭숭하여 잠을 이루지 못한다고 한다. 그러나 나는 화려한 밤거리가 좋다.

얼마 전 부다페스트에서 아름다운 도시의 야경을 관광하다 유람선이 침몰하는 참사가 일어났다.

부다페스트는 두 개의 얼굴이 있다. 찬란한 야경은 네온사인의 조명을 받아 동화 속에 나오는 궁전처럼 황금색으로 빛이 나고 아름답다. 반면 헝가리의 음악 '글루미 선데이'가 있다. 수많은 사람들이 그 노래를 듣고 자살을 했다. 그 곡을 연주하던 단원도, 심지어 그 곡을 만든 작곡가도 자살을 했다. 그 노래를 '자살의 찬가'로 알려지고 있다.

'글루미 선데이'에 얽힌 실화를 영화로 만들었다. 다뉴브강의 세네치 다리를 배경으로 음악이 흐른다. 나는 그곳을 여행했을 때 영화의 장면이 오버랩 되었다. 그 다리로 인해 우울한 도시로 이입되었지만, 오색찬란한 야경은 멋졌다.

세네치 다리는 부다페스트의 첫 번째 다리이다. 유람선을 타고 국회의사당의 웅장함과 어부의 요새, 세네치 다리의 특별하고 화려한 빛을 카메라를 통해 내 안에 담고 눈 호강을 했다.

새로운 느낌으로 다가온 부다페스트에서, 유람선 침몰 사고는 충격이었다. 한국인이 33명이 탑승하고 구조된 사람이 겨우 7명이다. 나머지는 실종된 상태이다. 아름다움 속에 감추어진 무겁고 슬픈 다뉴브강의 다리 위에서 넋을 놓고 있는 희생된 가족들의 슬픔과 고통을 생각하니 오늘 밤의 야경이 그리 멋지게 보이지는 않는다. 그곳은 한결같이 그 자리에 있을 뿐인데….

한 원로출판사 사장이, 한국 소설 중에서 추천할 만한 작품으로 무엇을 꼽겠느냐는 질문에 이태준의 『달밤』이라고 답했다. 우리 수필교실에서는 단체로 그 단편집을 구입하여 읽었다.

나는 소리 내어 읽어 보았다. 눈물이 흐리고 감동으로 이어지면서 무슨 글이든 써 보고 싶은 충동이 일었다.

성북동으로 이사 온 필자는 신문 보조 배달부인 황수건의 유일한 이야기 벗이 된다. 수건이는 짱구이며 손과 팔목이 작고 가늘다. 우둔하기까지 해서 '못난이'로 표현된다. 무시당하고 사는 수건이를 마음 아파하며 동정심을 느낀다. 신문 보조 배달을 하면서 근근이 생활했던 그는 그나마도 일을 하지 못하고 잘린다. 동서 밑에서 살아야 하는 아내마저 도망갔다. 실의에 빠져 피우지 않던 담배를 빨면서 달밤에 길은 보지 않고 달만 쳐다보며 "사…께…와나…미다까 다메이…끼…까."를 되풀이 하며 골목을 지나가는 수건이를 목격하고 필자는 나무그늘에 몸을 감춘다.

서울의 생활과 조화를 이루지 못하는 못난이 수건이를 시골의 정취로 느끼며 고독한 생활을 달밤도 유감이라고 묘사를 했다.

네온사인에 가려져 갖은 유혹에 시달리며 아파하는 사람들이 있다. 유흥가의 화려한 불빛 뒤에서 마약의 수렁에 빠진 젊은이들이 있다. 뉴스에서 연일 보도되고 있는 그들의 뒷모습이 못내 안타깝다.

사회복지를 공부하면서 약물 중독 강의를 듣고, 연예인뿐 아니라 학생, 주부들까지도 물들어 있음을 안 것은 큰 쇼크였다. 왕따를 당하던 학생이 우울증에 시달리다 본드를 마시고 발전하여 마약에 손을 대기 시작하더니 결국 자살에 이르는 사건도 있었다.

어느 드라마가 생각난다. 주인공은 한순간 실수로 마약을 복용하게 되어 실형을 받고 교도소에서 안간힘을 다해 참았다. 교도소를 나오는 순간 기다리고 있던 친구의 유혹에 다시 마약의 구렁텅이에 빠지고 마는 내용이었다. 어찌 드라마에서만 있겠는가.

나의 동료는 일선에서 마약중독으로 힘들어하고 괴로워하는 사람들을 돕는다. 같이 아파하고 보듬어 가며 그들을 상담하고 예방교육에 힘쓴다. 시린 마음을 데워주려고 애쓰고 있다. 오랫동안 소식이 없는 그 친구에게 내일 안부 전화를 해야겠다.

부다페스트의 아픔도, 못난이 수건이에게도, 화려한 도시의 불빛에 가려져 정신이 혼미하게 된 젊은이들에게도 달빛을 비추어 주고 싶다.

화려한 도시의 밤에도 달은 있다. 도시의 달밤은 희미하기는 하지만 그래도 빛은 빛이다.

어둠 속에서는 달빛도 빛난다. (2019. 착각의 시학 사화집)

빛과 어두움

내 버킷리스트에 가봐야 할 곳 중에 인도가 있다.

나는 인도 여행을 결정하고 운동을 열심히 했다. 3,500㎞ 히말리야 야생화 트레킹을 하기 위해서였다.

산을 오를 때는 천천히 가라고 했다. 빨리 가게 되면 고산병으로 고생한다고 헬퍼가 주의를 주었다. 우리 일행은 서두르지 않았다. 계곡을 따라 오르니 야생화 들판이 있었다. 고개를 넘을 때마다 지천에 흐드러진 야생화는 형형색색으로 물들여져 있어서 감탄이 저절로 나왔다. 사진을 찍고 꽃의 향기를 맡아 가며 산을 올랐다.

가도 가도 우리의 야영지는 보이지 않았다. 다행히 보슬비가 내려 더위를 조금은 식혀 주었다. 거친 숨을 몰아쉬며 한참 갔을 때 생전 보지 못했던 풍경이 펼쳐졌다.

산 중턱에 살짝 걸려있던 구름이 걷히더니, 만년설의 경이로운 절경과 파란 하늘이 펼쳐졌다. 그리고 살며시 비치는 햇빛과 무지개까지 우리를 반겼다. 내 가슴은 설레고 눈물까지 났다. 마음속에서 용솟음치는 뭉클함과 벅찬 감동은 잊을 수가 없다. 하늘과 맞닿아 있었다. 천국이었다. 대자연의 파노라마가 펼쳐진 아름다운 풍경을 넋 놓고 있었다. 지금 죽어도 여한이 없겠다는 생각을 했다. 몇 년이 지난 지금도 그 여운은 지워지지 않고 있다.

잠을 청하기도 미안했다. 춥고 고산병에 머리는 아팠지만 눈앞에 쏟아지는 별빛을 두고 잠을 자는 것은 아깝다는 생각마저 들었다.

수필반의 S선생의 조카는 인도 여행 중에 시속 140㎞로 달리는 열차에서 목숨을 잃었다. 참으로 독특한 이야기를 들었다. 달리는 기차에서 노을의 아름다움에 취해 출입문 양쪽에 양팔을 벌리고 서서 감탄하는 동안, 전봇대에 박아 놓은 대못에 부딪혀 기차에서 떨어졌다. 25세의 나이에 자연을 사랑할 줄 알았던 청년이었으리라. 아름다움을 그리움으로 남기고 떠난 청년은 아름다운 순간에 멈추어버린 생이지만, 남은 어머니는 한으로 얼룩진 삶을 살고 있지는 않을까.

그 이야기를 들었을 때, 나의 20대를 아프게 했던 생각이 떠올랐다. 사랑하던 동생은 류마치스관절염으로 입원을 했다. 그리고 치료를 하는 중에 심장으로 류마치스가 옮겨지면서 하느님 품으로 가던 날이 회고 되었다.

마음은 갈기갈기 찢어져 있었고, 믿어지지 않는 현실에 나는 그 아이의 유골을 품에 안고 몸부림치다 쓰러지기를 거듭했다. 그리고 정신이 들었던 날은 사흘만이었다.

꿈인지 현실인지 분간하지 못할 정도로 동생의 발자취를 더듬었다. 걷고 또 걸어도 동생은 보이지 않았다. 암흑의 세계였다. 무언가에 찔린 듯 통증에 시달리다 눈을 떴다. 그곳은 병원이었다. 가족들은 안도의 한숨을 쉬고, 부모님의 눈가는 촉촉이 젖어 있었다.

나는 여동생과 7살 차이가 났다. 남동생만 있던 터라 여동생과 각별했다. 한 방을 쓰고, 같은 이불을 덮고 잤다. 어릴 적부터 몸이 약했던 동생은 나를 엄마처럼 의지하였다. 입원했을 때도 언니와 있겠다며 부모님은 집에 있으라고 했다. 나는 동생을 극진히 간호했다.

한 달 동안의 병원 생활이 끝이 나는 날, 허무한 마음이 내 가슴 깊은 곳까지 스며들었다. 하루하루가 지옥이었다.

내가 이렇게 마음이 아픈데 동생을 낳고 기른 어머니의 마음을 헤아려 보니 어리광이었다는 생각이 들었다. 어머니는 내색은 하지 않았지만, 그 한이 병으로 이어져 동생의 곁으로 갔다. 그들은 만나서 내 이야기를 했으려나….

인도에서 아름다움에 취해 생을 마친 25세 청년의 어머니와 인생을 꽃피우기도 전에 져버린 동생을 생각하는 어머니의 심정은 누가 무슨 말을 해도 나는 그 한을 이해할 것 같다. 그 아픔을 겪어보지 못한 사람은 그 감정을 알 수 없을 것이다.

(2019)

빡작가의 하루

아무리 바쁘게 살더라도 최소한 나를 위한 삶의 시간은 필요하다. 자신이 원하는 일을 즐겁게 하면서 적당한 휴식이 나에게 올 수 있을까. 나는 누구를 위해 시간을 쓰고 있는 것일까.

결혼하여 가족이라는 굴레에서 좋은 며느리, 현명한 아내, 지혜로운 엄마로 남기 위해 진정한 나를 잃어버린 시간이었다. 그 사이클에 맞추어서 나도 모르는 사이에 시간은 지나가버렸다. 짬이 나면 옆집 언니들과 수다 삼매경에 빠지곤 했다.

그러다가 나는 삶의 활력을 찾기 위해 시부모에게 양해를 구하고 내가 할 수 있는 일을 시작했다. 전공을 살려 놀이방을 운영했다. 집에서 우리 아이들과 다섯 명의 아이들을 보육했다. 내 딸은 엄마에게 다른 아이들이 달라붙고 선생님이라고 따르는 것을 매번 못마땅해 했다. 나는 딸을 달래가며 아들에게는 반장의 역할을 주고 하루하루를 보냈다. 그 아이들에게 나는 생애에 첫 선생님이었다. 그 기억을 잊지 않고 아이들은 중학생 때까지 연락을 했다. 지금은 어디서 무엇을 할까.

시부모가 소천하고 나는 꿈꾸어 왔던 대학원에 진학하여 논문이 통과되고 석사학위를 취득했다. 사회복지학을 전공하여 사회 약자와 취약한 부분에서 가정생활, 사회생활 그리고 종교 활동 중 도움을 필요로 하는 사람을 돕는 일을 했다. 일반학생과 장애를 가진 학생을 위한 성교육 프로그램과 자살방지를 위한 생명존중 수업을 했다. 수업 강의를 하며 나 자신의 가치관을 다시 한 번 생각하는 계기가 되었다.

요즘 가족들은 나를 부를 때 '빡작가'라고 부른다. 특히 두 살배기 손자는 '빡딱가'라고 불러서 웃음꽃을 피운다. 내가 글을 쓰고 등단하여 책을 발간하고 얼마 지나지 않아 남편은 나를 빡작가라고 부르기 시작했다. 그렇게 불러주는 남편이 고맙다.

사람들은 아이가 '빡딱가'라고 부르는 것을 처음에 무슨 말이냐고 하다가 그 모습이 귀엽고 부럽다며 웃다가 뒤로 넘어간다. 내가 살면서 이 일 저 일을 자청해서 하고 부딪히고 상심하다가 해결해 나갈 때마다 응원해 주는 남편이 있어서 가능한 것이다.

남편은 고맙게도 내가 하는 일에 방해를 하지 않는다. 단지 건강에 무리 가지 않게 일을 하라고 한다. 내 본질은 엄마의 사랑이 기본이지만 내 개성을 살려 호기심이 발동하면 그 일을 하고야 만다.

처음에는 남편이 '개똥참외 맡듯이' 무슨 일이든 생각 없이 가져와서 자연발아 할 때까지의 과정을 혼자 끙끙대며 조사하고 추적하며 해결하는 과정을 안쓰러워했다.

그러다 진정 내가 할 수 있는 일이 무엇인가 고민했다. 나를 위한 시간을 만들기 위해 처방을 내린 것이 글쓰기와 그림그리기이다. 짬짬이 사진도 찍으러 다니고, 성당에서 봉사도 한다. 빡 작가의 하루는 어제의 시간보다 오늘이 희망이고 믿음의 시간이고 싶다.

올해 3월부터 딸의 가족 5명이 내 집으로 왔다. 딸의 세 번째 회임으로 혼자 아이들을 감당하기 어려워졌다. 궁여지책으로 집으로 오게 한 것이었다. 언제까지 머물지 모르겠지만 빡 작가의 하루가 더 바빠졌다.

두 아이를 어린이집에 등원시키기 위해 씻기고, 밥 먹이고, 옷 입혀서 보내는 것이 한 시간이 넘게 걸린다. 그동안 셋째가 자고 있으면 다행이지만 나와 남편, 딸 셋이서 매달려도 분주하다. 외출을 해서도 시간을 열심히 보게 된다. 아이를 하원 시키기 위해 4시까지는 어린이집에 도착해야 한다. 저녁 9시가 되면 한반도 평화를 위한 기도를 하기 위해 가족이 한자리에 모인다. 매일 저녁 기도를 하니 9시쯤 되면 아이들이 기도할 시간 된 것 같다며 정성을 모아 기도하고 가족의 소통의 장이 된다. 그래서 빡 작가의 하루는 다망하다.

그래도 좋다. 아이들과 사랑에 빠지고, 살아있는 웃음이 있다.

글을 쓸 마음의 여유와 감각을 통해 그림을 그릴 수 있다. 그리고 하느님의 사랑에 숨 쉬는 믿음의 길이 있으니까.

가족들이 부르는 빡작가는 그들에게는 사랑이다. 나는 아직 박현주의 박 작가이지만 아이가 자라는 것보다 그 전에 빡세게 글을 써서 진정한 빡센 작가로 거듭나고 싶다.

(2020. 문학시대)

흔적

살아온 과거는 누구에게나 값지다. 즐거웠던 일, 괴로웠던 일, 모두 그리움으로 남는 소중한 날들이다.

'TV는 사랑을 싣고' 방송은 추억의 시간을 돌아보며 어릴 적 살던 집을 찾아 나선다. 평소에 고맙고 그리운 사람을 찾아 만나게 하는 프로그램이다. 세월이 흘러 많이 변해버린 옛터에 가보고 그때 그 시절을 회상하며 눈물을 보인다. 보고 싶은 사람을 만나면 얼싸안고 말을 잇지 못한다. 방송은 잊혔던 시간과 메말라 가는 정서를 순화시킨다.

가수 조성모는 자폐증인 친형이 행방불명되어 뺑소니 사고를 당해 숨졌던 시절이 인생에서 가장 어두웠던 시절이라고 한다. 그때 자신의 곁을 지켜주었던 고교 동창생을 찾아 훈훈한 정을 느끼게 했다.

나는 학창 시절에 하교하면 친구들과 수다를 떨면서 분식집에 들러 떡볶이, 튀김, 만두 등을 먹었다. 분식집 주인은 음식을 후하게 떠주며 많이 먹으라고 했다. 그분이 내 기억 속에 환한 미소로 다가온다. 후한 인심에 분식집은 학생들로 붐볐고 언제나 같은 모습으로 우리를 따뜻하게 반겨 주었다.

결혼하여 임신을 했다. 입덧이 심했는데 유독 그 분식집의 떡볶이와 김밥이 미치도록 먹고 싶어 가보니 흔적도 없었다.

신혼 시절, 세 들어 살던 집주인 할머니는 나를 손녀딸처럼 돌보아 주었다. 그 집에서 첫 아이를 낳았다. 입덧이 심했던 나에게 맛있는 음식을 먹게 하고, 연탄 가는 것도 도와주었다.

육아에 서툴러서 우왕좌왕 하던 시절, 할머니는 나에게 방향을 잡아 주었다. 첫 아이는 유난히 잠투정이 심하고 병치레를 자주했다. 할머니는 아이를 재워주고, 기저귀를 빨아주며, 어머니의 손길이 필요할 때 어머니처럼, 외할머니처럼 나를 구원하러온 구세주 같은 분이었다.

이제 할머니를 만날 수는 없지만, 할머니의 도움이 컸던 그 아이가 어느새 결혼하여 두 아이의 아버지가 되었다. 아들을 볼 때 꽃보다 아름다웠던 할머니의 흔적이 내 마음속에 얼룩져 있다.

감사와 그리움의 순간이, 소중했던 시간이 새롭게 떠오르는 요즘이다.

(2019. 청담수필)

빨래

인도 여행 중, 어느 마을에 들어섰다. 그 마을에는 우물가에서 아낙네들이 모여서 수다를 떨고 있었다. 노인 한분이 소를 앞세우고 어디론가 일을 하러 가고 있었다. 가옥은 우리나라 70년대의 시골 마을에서 볼 수 있는 집과 흡사했다.

양철지붕에 흙벽이고, 지지대에 줄이 있었는데 그곳에 종교기가 널려있었다. 집으로 들어가려면 디딤돌을 밟아야 했다. 나무문은 삐거덕 소리가 났다. 나는 그 집과 그 마을의 풍경을 사진으로 담아왔다.

그 사진으로 사진 전시회를 했다. 그리고는 그림을 그리기로 했다. 사진에 있던 종교기를 빨래로 바꾸고 철재로 되어있던 난간을 돌담으로 변경해서 그렸다.

내가 어릴 적에 살던 집에는 마당에 빨래를 널 수 있는 공간이 있어서 어머니는 5남매가 더럽힌 옷을 깨끗하게 빨아서 빨랫줄에 널었다. 어머니는 옷을 빨아 널면서 옷만 깨끗하게 위함이 아니라 마음의 구정물도 함께 없애기 위함이 빨래라고 했다.

인간이 의복을 입기 시작하면서 빨래는 시작되었다. 더러운 옷은 건강과 위생에 좋지 않은 영향을 끼치고, 쉽게 상하기 때문에 빨래를 한다. 마음이 울적하거나 슬플 때도 빨래를 하는 사람이 있다.

뮤지컬 '빨래'를 보면서 들었던 노래 중에서 "난 빨래를 하면서 얼룩 같은 어제를 지우고, 먼지 같은 오늘을 털어내고 주름진 내일을 다려요. 잘 다려진 내일을 걸치고 오늘을 살아요."

빨래를 통해서 희망을 노래한다. 또한 장애인 딸을 둔 집주인 할머니는, 냄새 풍기는 기저귀 빨래를 할 수 있다는 건 살아있다는 증거라고 한다.

결혼을 할 때 세탁기를 장만했지만, 아이들 빨래는 손빨래를 했다. 어른들의 빨래와 버무려지는 것이 싫어서였을까. 요즘에는 일회용 기저귀를 사용하지만 그때는 천 기저귀를 빨고 삶아서 사용을 했다.

아마도 손빨래를 하면서 대가족에서 견뎌야 했던 고달픔을 그 순간만은 잊으려 했던 같다. 깨끗하게 빤 빨래를 널면서 고달픔도 함께 널었다.

문화가 발달하면서 빨래가 널려있는 모습을 보기가 드물다. 건조기가 빨랫줄의 역할을 해주는 가정이 많아졌다. 나는 건조기가 마음의 허기를 채우는 몫은 되지 않는다.

타국에서 사업을 하는 남편에게 전화가 왔다. 이불 빨래는 어떻게 하냐고 묻는 남편에게 보통 빨래할 때처럼 하면 된다고 하고 괜스레 웃음이 났다. 사람들이지 않고 홀로서기를 하겠다고 청소하고 빨래하는 모습이 그려진다. 남편은 빨래를 널면서 가족의 그리움도 같이 널고 있는지 모르겠다.

그림이 완성되었다. 경기미술대전에 출품을 했다. 심사위원들은 옛날 시골 풍경이 고향을 생각하게 했는지 아니면 빨래가 널려있는 모습이 마음에 와 닿았는지 손을 들어 주었다.

빨래는 얼룩을 지우고 더러운 것을 깨끗하게 한다. 내 삶에 얼룩은 글을 쓰면서 조금씩 지워가고 있다. 목까지 차오른 기운은 그림을 그리며 비워낸다.

깨끗해지고 잘 마른 빨래를 보면서 내 마음속에 창조의 기쁨과 행복의 출발점이 되는 꿈을 꾼다.

(착각의 시학. 2019)

3.

풋사과처럼

도시의 보석

신발을 벗었다. 양말 속에 감춘 발의 환성이 들렸다.

수필반의 P선생이 맨발걷기를 제안했다. 맨발걷기를 하여 20년 동안 고생했던 불면증이 치유되고 암세포가 줄었다는 이야기를 들었다. P선생은 남편이 앓고 있는 알츠하이머 치료를 위해 맨발걷기를 시작했다. P선생은 맨발걷기 전도사가 되었다.

햇살이 좋은 어느 날, 수필 수업 시작하기 전에 맨발걷기를 하기 위해 성당 옆 청담공원으로 갔다. 우리 동네 청담공원은 테니스코트, 배드민턴장, 농구코트가 있다. 산책로를 따라 내려가면 운동시설과 어린이를 배려한 놀이기구도 있다. 울창한 숲과 산책로로 이어진 뒷동산 같은 포근함을 주는 곳이다. 산책하기에는 적당한 오르막길이 있고, 계단을 내려가면 정자 쉼터가 기다리고 있다. 청소년 문화공간인 청소년 회관도 있는 도시의 보속이다.

부드러운 흙길부터 걷기 시작했다. 맨발은 강한 반발을 했다. 3바퀴 돌고 언덕길을 내려갔다. 그곳엔 시비 광장이 있다. 몇몇 노인들이 담소를 나누고 있다. 한쪽에선 직장인이 점심시간을 이용하여 공원에 비치해둔 지압 의자에 몸을 맡기고 피로를 푸는 모습도 보였다. 그곳에는 편안한 휴식공간이 있고, 윤동주, 김소월, 푸슈킨 등의 시비가 있어 한 번씩 읽어보는 재미도 쏠쏠하다.

공원은 조용하고 아담하다. 나무숲이 있어서 적당히 그늘도 있다. 정자 쉼터를 지나칠 때, 정자에 앉아 쉬고 싶었다. 신발을 신고 싶은 유혹이 있었지만 뿌리치고 걸었다. 처음에는 발바닥이 침을 맞는 듯 따가웠다. 눈을 감고 천천히 걸었다. 흙과 자갈의 감촉이 서서히 나의 발바닥과 밀착하며 대화가 시작되었다. 신발과 양말에서 벗어나 자유를 찾은 발에서 환상 교향곡을 연주하고 있다.

아주 작은 음으로 귓속말을 하다가, 바이올린의 경쾌한 소리로 이어지고 다시 첼로의 묵직한 음이 나의 발바닥을 움츠리게 했다. 낙엽이 떨어진 자리는 내 발을 포근히 감싸주었다. 마치 어머니의 품처럼.

딱딱한 돌이 나에게 따지듯이 덤벼든다. 아니 내가 밟고 서 있었던 것이지. 흙길을 걸으면서 양말 속에 숨겨두었던 발에 자유를 주었다.

사색에 잠겨 걷다보니 수필 수업하러 갈 시간이 되었다. 맨발로 걷고 있는 수필반 회원들이 아름다웠다. 회장님은 마음이 내키지 않았지만 우리와 보조를 맞추었다. 회장님은 요즘 들어 여기저기 아픈 곳이 생겨서 P선생은 적극 맨발걷기를 권하고 있다. 나도 회장님이 맨발걷기를 해서 건강해지는 모습을 보고 싶다. 나 역시 오늘 맨발로 걸으면서 흙과 나무 자갈 등과 이야기를 나누며 어머니와의 화해를 가졌다. 이런 시간을 종종 가지고 싶지만, 내 생활이 녹록치 않아서 어찌 될지 모를 일이다.

먼 곳까지 가지 않아서 좋다. 동네에 공원이 있다는 것만으로도 축복이다.

산책하기 좋고, 절기에 따라 다른 꽃이 피고 나무로 자연의 변화를 즐길 수 있는 것만으로도 좋다. 거기에 맨발로 걷기에 좋은 흙길이 있으니 더욱 좋다. 공원의 숲길은 사색하기 좋은 내 마음의 보석길이다.

(2020. 착각의 시학)

윤서는 힘들어

오늘 성당에서 임산부 축복식이 있는 날이다. 나는 급히 딸에게 전화를 했다. 딸은 잠시 머뭇거리다가 오겠다고 했다. 딸은 서둘러 성당으로 와서 축복식을 무사히 마칠 수가 있었다. 아기는 둘째와 18개월 차이이다. 딸의 두 아이는 배가 부른 엄마를 힘들게 하고 있다. 둘째는 엄마의 부른 배가 의자인 양 걸쳐 앉고, 첫째 윤서는 그 옆에 바짝 붙어 앉아 엄마만 바라보고 있는 모습이 안타깝다.

축복식을 마친 다음날, 아기는 은총과 축복을 받으며 태어났다. 아기는 언니, 오빠의 시달림과 엄마가 대상포진과 독감에 걸려 힘겨웠을 때도 엄마의 배 속에서 잘 견디었다. 엄마와 아기가 무사히 이 세상에, 내 곁에 와서 고맙고 기뻤다.

아이들은 언니, 오빠가 되었다. 엄마가 출산을 하러 병원에 갔을 때, 엄마는 언제 아기하고 오냐고 자꾸 묻는다. 엄마가 보고 싶어도 잘 참고 엄마와 아가가 집에 오기를 기다렸다. 그때 까지만 해도 기다림은 순수했다. 병원에서 퇴원하고, 집 앞 조리원에서 몸조리를 하고 있다.

올해는 8월에 늦더위가 심술을 부려 8월의 중순이 지나도록 더위는 가시지 않고 있다. 나도 복 중에 딸을 출산했다. 그 당시에 어머니는 한여름인데도 방에 온도를 높여 땀을 뻘뻘 흘리게 하고 몸을 따뜻하게 했다. 그렇게 해야 나이가 들어서 산후통으로 고생을 하지 않는다고 했다. 임신으로 인해 온몸이 변형되어 10개월 동안 벌어진 것이 10개월이 돼야 회복된다. 따뜻함이 중요하다고 어머니는 말했다. 그러나 나는 그 말을 어기고 선풍기를 끼고 있었다. 아기는 꽁꽁 싸매 온몸에 땀띠와 태열로 고생한 것이 생각난다.

시대가 바뀌다 보니 아기 있는 집에는 에어컨은 필수라고 한다. 아이들은 조금만 더워도 잠을 못자고 보챈다. 더울 때나 추울 때 적당히 덥고 춥기를 조절해야 하는데 걱정이 된다. 걱정 대신 아이러니 하게 아기가 태어나기 전에 에어컨 청소를 했다. 사회 환경이나 조건이 달라져서 옛날 방식에 얽매이지 않기로 했다. 나는 시대에 맞게 아이를 키우는 것도 나쁘지 않다고 생각하고 싶지만, 여전히 옛날 방식대로 하는 것을 선택했다. 그리고 딸에게 말을 해봤지만, 딸은 시큰둥이다. 그래도 나는 마찰을 피하기로 하고 슬그머니 에어컨을 끈다.

드디어 엄마와 아기가 돌아오는 날, 둘째는 감기에 걸려 친가로

격리 시켜야만 했다. 이제 겨우 엄마를 만나려고 하는데 아이에게는 날벼락이다. 일주일이 지나서야 엄마와 상봉했다. 엄마의 애정이 다른 곳으로 가버렸다는 것을 알고 재롱은 사라지고 더욱 엄마와 애착을 가지려고 애를 쓴다.

마구 흔들어 자고 있는 아기를 깨우고 아기를 덥석 잡는다. 퇴행증세를 보이며 엄마 젖에 얼굴을 대고 먹는 시늉을 하고는 시~익 웃는다.

윤서는 동생이 둘이라는 부담을 안고 있다.

"내가 언니야 너는 토끼 딸기 공주 연아야 언니는 토끼공주니까 불러봐. 언니가 기저귀도 갈아주고 맘마도 먹여줄 거야."

그러다 아가가 응가를 했다. 윤서는 기저귀를 갈아준다고 하고는 아가가 응가를 한 것을 보고 냄새 난다며 도망을 가 버린다. 그 모습이 귀엽기도 하고 안쓰럽기까지 하다. 다섯 살배기가 일찍 어른이 되는 것 같았다.

가족의 관심이 모두 자기에게 쏠리다가 둘째 아우가 태어나서 시선을 뺏기고, 이제 셋째까지 태어나서 그 사랑을 양보하는 누나, 언니 노릇을 한다며 자기가 대장이라고 말 잘 들으라고 둘째에게 으름장을 놓는다. 둘째는 누나의 말에 눈길도 주지 않고 누나가 가지고 있는 것을 달라며 떼를 쓴다.

윤서는 아기가 예쁘다고 어루만지고, 까꿍도 해보지만, 아무도 눈치 채지 못하게 아기의 손이나 발을 꽉 잡아 당겨서 아기가 자지

러지는 현상이 벌어지기도 한다.

질투는 본능이고 언니 역할을 하며 엄마한테서 밀려나지 않으려고 한다. 한편으로는 엄마의 정을 빼앗기는 것이 싫어서인지, 어린이집에 가지 않고 아가랑 집에 있겠다고 조른다. 손가락을 심하게 빠는 증세가 나타난다. 아기 침대에 올라가서 '응아 응아' 하며 아기 흉내를 내며, 아기의 공갈 젖꼭지를 빨기도 한다.

아기가 태어난 지 한 달이 지났다. 윤서는 만나는 사람들에게 나는 동생이 둘이라서 힘들다고 한다.

(2019)

소금커피를 마셔봤나요

중국 청도로 사진 출사를 갔다. 새벽 5시부터 사진촬영을 했다. 새벽시장은 활기가 넘쳤다. 분주한 사람들, 물건을 싣고 내리는 모습, 차를 마시는 사람 등을 촬영하려고 머릿속에 프레임을 생각한다. 어둠 속에 자동차가 오면서 불빛이 비쳐진다. 빛을 잘 이용하면 멋진 작품을 만날 수 있다.

빛을 찾아 소중한 순간들을 카메라에 담으며 많은 추억을 쌓아 나간다. 새벽시장을 촬영하고 나오니 공원이 있었다.

중국 사람들은 모이기만 하면 체조를 한다. 귀에 익은 음악에 이끌려 간 곳에서 에어로빅을 하고 있었다. 한국 가요를 틀어놓고 춤을 추었다. 나는 잠깐 에어로빅 강사를 한 적이 있어서 나도 모르게 몸이 움직이며 같이 춤을 추고 있었다.

출사를 가면 그곳의 랜드마크보다는 남들이 가지 않은 곳을 찾아다니는 편이다. 풍경이 좋은 곳이나 농촌의 모습, 재래시장을 비롯해 사진을 찍을 수 있는 곳이면 차를 세운다.

해가 뜰 무렵의 빛과 석양의 아름다운 노을은 어떤 물감으로도 만들어낼 수 없는 멋진 색을 띠고 있다. 그 빛에 사진 찍는 사람들의 표정은 살아있다. 사진은 발로 찍는다. 이리저리 움직이며, 조리개와 셔터스피드 감도를 맞추면서 집중한다.

이번 출사팀 중 구선생이 85℃소금커피가 블로그에 글이 올라왔는데 중국에 가면 꼭 먹어야 한다고 떠나기 전부터 이야기를 했다. 우리는 기대를 하고 85℃카페를 찾아 나섰다.

한참 만에 찾은 카페는 공간이 좁아서 우리 일행이 자리에 앉아서 커피 맛을 즐길 수가 없었다. 메뉴판을 보니 다행히 solt coffee라고 적혀 있었다. 주문을 하고 커피가 나오기를 기다렸다.

우리는 소금커피를 마시고 말이 없었다. 맛이 묘했다. 촉감은 커피에 우유를 탄 느낌이었다. 처음 맛은 짭짤하고 끝맛은 단맛이 났다. 독특했지만, 내 입에는 별로였다. 커피라떼에 소금을 넣은 것 같았다. 이 선생은 우유맛에 짠맛과 단맛이 끌린다고 했다.

성당에 형제님이 구역모임 때 이야기를 했다. 그 모임이 끝난 후 커피를 내오는데 어째 맛이 이상해서 확인해 보니 설탕시럽으로 착각하고 세제를 넣었다는 것이다. 지금은 봉지 하나면 되는 시대가 되었으니 간편하게 커피를 즐길 수 있지만, 그전에는 가끔 커피를 타다보면 소금을 넣는 해프닝도 있었다.

대만에서는 85℃커피가 타이완 토종의 커피이며 가장 유명하다고 한다. 2003년에 설립하여 3년 만에 중국, 시드니 미국에 진출했다. 뉴욕타임즈 TM지에 실릴 정도로 유명하다. 85℃는 커피가 가장 맛있는 온도에 중점을 두었다고 한다.

이번 출사는 사진 촬영하기에도 좋았지만 소금커피를 알게 된 계기가 되었다. 85℃소금커피를 누구는 맛있다고 하고, 누구는 오묘하다고 하고, 누구는 피로가 풀린다고 하는데 내 입에는 그냥 그 맛이었다.

나는 고등학교를 졸업하고 나서야 삼촌 따라서 처음으로 음악다방에 가보았다. 처음 마셨던 비엔나커피는 얼음으로 차갑게 식힌 아메리카노 위에 시원한 휘핑크림을 얹어 달달하면서 씁쓸했다. 그 맛에 반해 아직도 그날의 커피가 눈에 선하다.

비엔나커피는 오스트리아 빈에서 유래되어 300년이 넘는 역사를 지녔다. 마부들이 한 손에는 고삐를 잡고, 한 손에는 설탕과 크림이 듬뿍 든 커피를 마신 것이 비엔나커피의 시초가 되었다. 한동안 비엔나커피의 매력에 빠져 있었던 적이 있었다. 크림을 떠서 먹다가 어느 정도 양이 남았을 때 섞어서 먹으면 부드러운 크림과 씁쌀한 맛에 달달함까지 섞인 세 가지 맛을 동시에 즐길 수 있어 좋았다.

어릴 적에 아버지와 같은 사람하고 결혼을 하겠다고 생각을 했다. 그러나 비엔나커피를 마셔본 순간 이상형이 바뀌었다. 부드럽고 씁쓸하며, 달콤한 맛을 느낄 수 있는 사람을 만나기를 기원했다.

남편을 처음 만났을 때는 부드러운 맛만 느꼈다. 두 번 세 번 만나보니 달달한 맛이 나더니 어느 순간 쓴맛을 느끼게도 했다. 커피가 일상에서 필요한 존재가 되었듯, 내게 남편은 없어서는 안 될 존재가 되었다. 이제는 맛있는 온도까지 유지하며, 신앙생활과 성지순례를 함께 간다. 그리고 매일 아침 커피를 마시며 하루의 일과를 체크한다.

우리나라에도 소금커피와 소금라떼가 들어왔다고 한다. 강남역에는 와플과 잘 어울리는 소금커피점이 있다. 생크림에 적당한 소금과 커피가 어우러져 살짝 짭짜름한 맛이 일품이다. 소금라떼는 소금커피보다 고소하다. 내가 중국에서 마셔본 커피와는 다른 듯하다.

요즘 새삼 나는 달고 짠 소금커피가 인생의 깊은 의미를 품고 있는 것은 아닐까 싶어진다.

(문학시대 동인사화집 2018)

신앙의 온도

우리나라 성지순례를 시작한 지 1년이 되었다. 성지를 방문하여 기도하고 순교한 선조들의 거룩한 뜻을 되새긴다.

"신앙은 인간의 기준이 아니다. 인간의 힘과 생각으로는 순교할 수 없다. 순교는 연습이고 훈련이다."

김경진 신부의 말이다. 순교가 연습이고 훈련이라는 말이 나로서는 생각할 수도 없지만 자꾸 되새기게 된다.

박해 받지 않고 자유롭게 신앙생활을 할 수 있는 시기에 태어난 나는 행운이다. 내가 처음 영세를 받았을 때 시아버지는 다른 가족에게 절대 전교하지 말라는 엄명이 있었지만, 가정생활을 충실히 하면서 신앙생활을 해서 지금은 온 가족이 가톨릭에 입교하여 주님의 은총 속에 성가정이 되어 간다.

지난해에는 폭염의 기록이 관측사상 최고의 수치를 연일 깨고 있었다. 홍천의 기온이 41도가 된 날도 있었다. 열대야도 1994년의 기록을 깼다고 한다. 지난여름에 나도 기록을 깼다. 아무리 더워도 나는 따뜻한 커피를 즐겨 마셨다. 그러나 지난 여름에는 바깥 온도가 내 몸의 온도를 유지하는데 영향을 미친 탓인지 자연스럽게 냉커피를 마시며 온도를 조율하고 있었다.

땀띠가 날 정도였고, 숨이 헉헉 막히게 더운데 부부 세 팀이 성지순례지의 답사를 다녀왔다. 나주성당, 목포성지를 비롯해서 다산초당 진주, 함안, 김해, 부산, 경주, 영주, 춘천의 성지와 묘소를 둘러보고 오는 3박 4일의 일정이었다.

나주 순교자기념성당에 도착하였다. 외방선교회가 한국에 건립한 첫 번째 성당이다. 정병옥 바오로 주임신부님이 전날 선종하여 연도를 하고 있었다. 우린 여행객의 옷차림이지만 연도를 하기로 의견을 모으고 신부님의 영원한 안식을 기원하며 연도를 바쳤다. 애도 기간인 나주성당 교인들은 우리를 반갑게 맞이해 주었다. 시골의 훈훈한 정을 느꼈다.

신부님 선종 소식에, 일원동성당 초대 주임신부인 김 신부님의 기억이 났다. 초창기 일원동성당은 하상복지회관 지하를 임대해서 임시로 사용하고 있었다. 열악한 환경에서 신부님은 성당 건축을 하기 위해 회의를 거듭한 결과 멋진 성당을 지을 수 있었다.

신부님은 일원동성당을 비롯해 여러 성당 건축을 위해 힘썼다. 그러던 중 쓰러져 식물인간으로 12년을 병마에 시달리다 사제서품

29년 되던 해에 선종했다. 병석에 누워서도 선교를 한 것은 틀림이 없을 것이다. 신자들이 잊지 않고 찾아와 기도했다. 신부님과의 추억이 뇌리에 한동안 남아있었다.

우리나라 성지는 성지와 사적지, 순례지로 나눌 수 있다. 성지는 피를 흘리고 죽은 순교자의 무덤이 있는 장소이다. 사적지는 순교자들이나 성인들이 태어나거나 활동하며 지냈던 교우촌을 말한다. 순례지는 한국의 모든 성직 사적지를 포함한다. 신앙선조들의 삶과 그들의 영성이 담겨 있는 곳, 또는 교구 직권자가 순례지로 지정한 곳이다.

경주 '진목정 성지'는 허인백 야고보, 이양등 베드로, 김종륜 루카 등이 박해를 피해 숨어 살았던 곳이다. 이들은 산중에서 약초와 나물을 캐다 목숨을 연명하다 잡혀 심한 고문과 문초를 받았지만 끝내 배교를 하지 않았다.

그곳은 호랑이가 살던 굴이었다. 이들은 성호를 긋고 미안하지만 박해가 끝나는 대로 너희에게 돌려주겠으니 너희가 다른 곳으로 옮겨주기를 청하자 호랑이가 물러갔다는 이야기도 전해 내려온다. 그들이 처형되어 묻힌 곳이다.

나는 세례를 받은 다음날 외출하고 돌아오는 길이었다. 한강을 지나는데 그 강에서 예수님의 환시를 봤던 기억이 났다. 우리를 위해서 희생하시고 희망과 사랑을 주시는 예수님을 깊이 묵상하였다. 목숨까지 내놓은 순교자들의 신앙심에 내 자신을 성찰할 수 있는 기회가 되었다.

내 자신 안에 고여 있는 것과 갇혀있던 것들을 정화시켜 현존하신 예수님께 감사의 기도를 했다. 이 더위만큼 내 신앙의 온도가 올라가고 있다는 느낌이었다.

내 생각과 다르다고 질책하고, '내 탓이요'를 하지 않았다. 예수님의 이웃사랑을 실천하지 않았다. 다른 사람을 이해하고 배려하며 기도해야겠다는 생각을 하고 그 길을 내려왔다.

가슴 가득 감사와 사랑이 남은 성지순례였다.

(2019)

거듭나기

찜통더위가 언제 가시려나 싶더니 어느새 가을의 문턱으로 들어섰습니다.

가을을 맞이하기 전에 홍역을 치르듯 태풍 몇 차례 겪어야 하니 무엇이든 쉽게 얻어지는 것은 하나도 없습니다.

철이 용광로 안에 던져지면 녹아 없어집니다. 빛은 고통 없는 영광 없고 죽음 없이 부활 없다는 말처럼 고생 끝에 얻어지는 것이기에 더 없이 소중하고 값진 것들이라 생각합니다.

자신의 욕망을 이겨내고 용감하게 하느님께 나아가는 박소화 데레사의 수필집 『공작새 날다』는 우리 가족, 우리 고백, 우리 가족사의 생활기록입니다.

과거는 하느님 집착으로 살고, 현재는 하느님 사랑으로 살며, 미래는 하느님 섭리에 맡겨라 합니다. 시원하게 내리는 비가 메마른 땅을 적시고, 더불어 낯선 미지의 세계에 대한 두려움까지 씻어 주는 영성의 향기 강의로 오늘의 박소화 데레사를 만들어 주신 청담수필의 오정순 알비나 선생님께 큰사랑과 지도해 주셔서 감사합니다.

앞으로 글을 쓰면서 우리 박소화 데레사가 더 깊어지고 넓어지며 통찰력 있는 수필가로 거듭나기를 소망합니다.

나의 첫 수필집을 읽고 남편이 쓴 글이다. 감사하는 마음으로 맑고 깊은 이야기가 쌓여 가을걷이를 할 수 있는 날을 기대해 본다. 이제 한 겹 허물을 벗고 나를 찾아 나선 길에서 두려움과 기쁨이 공존한다.

책장에는 하나 둘 책들이 쌓여간다. 등단한 『문학시대』를 시작으로 『월간문학』, 『한국문학인』, 『착각의 시학』 작가들의 수필집, 시집 등 여러 권의 책이 배달되어 온다. 책이 쌓여 내 조그만 방이 북카페가 되어간다. 책을 읽으며 자연스럽게 한 손에는 그윽한 향의 커피 한 잔을 들고 있다.

수필집을 발간하고 문인들에게 발송하였다. 원로문인은 손편지로, 메일로, 메시지를 통해서 그리고 작가들은 격려와 희망을 담아 자신의 저서를 보내왔다.

친구는 많이 반성했다고 한다. 그동안 책을 보지 않고 살았는데 네 책이 잘 읽혀서 이제 책과 친해져야겠다고 해주어서 나는 속으로 '성공이야'라고 힘주어 말하며 실실 웃음이 나왔다.

글을 쓰면서 내적 치유를 느낀다. 한편 쓰다 보니 내 몸 속에

노폐물도 같이 쓸려 나가는 느낌이다. 내 마음속에 응어리 졌던 일을 끄집어내어 속 시끄러운 것을 제거한다. 말 못하고 끙끙대며 고민했던 일을 글로 내보낸다. 화해하지 못한 일을 반성하며 글 속에 녹여낸다.

힘들고 번거로운 일은 아름답게 장식하고, 즐거운 일은 확장시키는 작업을 한다. 내 몸과 마음에 자유를 느끼는 그 순간 까지 갈고, 닦고를 꾸준히 학습하여 내적 성장을 기원한다.

얼마 전 며느리가 연주회 티켓을 주었다. 내가 좋아하는 베토벤의 현악 4중주 제14번의 연주가 울려 퍼졌다. 그 연주에서 한 편의 수필을 보았다. 빠른 템포 5악장에서는 수필의 서두에서 무엇을 말하려는 것 같았다. 서정적인 선율이 흐르는 6악장에서는 그 이야기를 끌고 스토리텔링을 하는 듯해서 나 스스로 깜짝 놀랐다.

수없이 많이 들었던 곡인데 새삼 오늘 이런 느낌이 드는 것일까. 아마도 나에게 수필을 알려준 사람과의 동행에서였을 것이다. 누구를 만나느냐에 따라 새로운 인생이 전개된다는 사실을 느끼는 날이었다.

이제 수필가란 명함이 하나 더 생겼다. 남편이 바라는 깊고 넓고 통찰력 있는 글을 써야한다. 진실하고 솔직한 글로 독자와의 공감대를 이루며 소통하기 위해 빛나는 문장이 나올 때까지 쓰고 지우기를 계속할 것이다.

(문학시대 동인사회집 2018년)

언니의 응답

나에게 언니는?

나에게 무슨 일이 있으면 한걸음에 뛰어온다. 친언니는 아니지만 나에게는 물론 아이들에게도 좋은 이모이다.

언니의 인생은 순탄하지 않았다. 강원도 태백의 부유한 집안에서 자란 언니는 초등학교를 졸업하고 서울로 유학을 와서 오빠와 동생들에게 가장 역할을 했다. 그래도 언니는 그림에 소질이 있어 미대에 진학을 하고 싶었으나, 부모의 반대에 부딪혔다. 그리고 결혼을 했다.

형부는 사업을 하고 있었다. 결혼 초기에는 행복한 날을 보냈다. 그러나 형부의 허영심과 자만심에 사업이 기울기 시작하더니 형부는 술에 절어 살았다. 결국 알콜중독자가 되어 이 세상을 떠났다.

그런 남편 때문에 언니는 고생이 시작되었다. 살림과 육아를 혼자 젊어지며 어떤 허드렛일도 가리지 않고 하면서도, 자녀들을 올바르게 키웠다.

나는 언니에게 많은 도움을 받았다. 내가 아플 때나 집안 행사가 있을 때면 언제나 내 곁에 있었다.

언니의 딸은 결혼을 하고, 아들은 직장생활을 하여 언니에게 슬그머니 그림 공부를 하라고 권유했다. 언니는 몇 달간 망설이더니 하고 싶었던 그림과 도예를 나와 같이 시작했다.

나는 바쁜 일이 있어서 그림을 잠시 쉬고 있었다. 언니는 그 사이 열심히 그려서 이젠 아마추어를 벗어나고 있다. 언니에게 파이팅을 외쳤다.

나는 언니에게 무엇을 원하지 않았지만 언니는 응답의 메시지를 보냈다.

"현주야 고맙다. 너 때문에 취미생활을 할 수 있어서 좋고, 노년을 즐겁게 보낼 수 있을 것 같다. 나는 네가 원하면 항상 너를 지켜 줄 것이야."

내가 다리를 다쳐서 아무것도 하지 못하고 있을 때 언니는 내가 하지 못한 일을 손수 해주며 나에게 다시 그림을 그릴 것을 종용했다. 못이기는 척 그림을 다시 그렸다. 언니는 경기 미술 대전에서 3번 입상하고 나는 2번 입상을 했다.

언니는 그림에 소질과 열정이 있어서 타인으로부터 그림 실력을 인정받고 있다. 건축업자에게 그림을 판매 하고, 주문도 받아 어느 건물에 언니의 그림이 걸려 있다는 것을 상상하면 뿌듯하다.

이제 언니는 선생님이 되어 학생들에게 그림을 지도하며 인생의 후반기를 활기차게 살아간다.

언니는 역시 나의 기대를 무너뜨리지 않고 멋진 삶을 누리고 있다.

(2019)

무엇이 그들을 기다리게 했을까

우리나라 사람들은 36년 간의 일제강점기를 거치면서 노동력을 강제로 착취당하고 위안부와 강제 징용 등 잊지 못할 아픔과 상처를 역사에 안고 있다. 그래도 일본에 대해 복잡한 마음을 잠시 내려놓고 일본의 천주교 역사를 찾아 순례를 떠났다.

3월 중순쯤, 사순절에 일본 나가사키로 성지순례를 갔다. 그 일정 중에 운젠 지옥계곡으로 가는 버스 안에서 우리를 가이드 한 수녀님에게 그곳에서 일어났던 순교자들에 대한 열탕 고문 이야기를 들었다. 듣는 순간 온몸에 소름이 돋았다.

천주교 박해 때, 배교를 거부한 신자들의 고문이 시작되었다. 빨리 죽이지 않고 극한 고통을 주기 위해 온천의 끓는 물속에 넣고 빼고 얼음을 뿌려 정신을 차리게 하기를 반복하였다. 지옥을 맛보게 하였으나, 신앙을 버리지 않고 순교했다는 이야기다. 그런데 신앙의 선조들 덕분에 종교탄압은 사라지고 세월이 지나 나는 그 마을의 호텔 온천장에서 온천욕을 즐기고 있다. 아무리 고통스러운 것도 내 경험이 아니라 남의 이야기로 듣고 나면 잊어버리기 십상이나, 역사의 현장에 와 보니 내가 당하는 듯 진저리가 쳐졌다.

이 기막힌 이야기를 듣지 않았을 때는 온천욕은 목욕과 치료에 목적을 두었다. 자연이 인간에게 내린 보약이라고 생각하며 즐겼는데 새로운 사실을 알게 되어 경악할 수밖에 없었다.

운젠 지옥계곡은 50만 년 동안 활동해온 거대한 화산이 폭발해 마을이 소실되었다. 마을 사람들은 이곳을 온천지역으로 만들었다. 화산은 재앙이 되었지만 온천을 선물로 받은 곳이라고 한다.

이 지역은 일본 최초의 국립공원으로 온천을 즐길 수 있는 료칸이 있다. 치료를 목적으로 온천욕을 즐기려는 사람이 있고, 우리 일행처럼 성지순례를 온 사람들이 있었다. 옛날에 아픈 상처를 리마인드 시켜서 종교적 정신을 재무장하기 위해서 이곳으로 성지순례를 왔다.

조용하고 깨끗한 도시 운젠에서 '키리시탄'으로 의심되는 사람들을 '후미에'라는 절차를 거쳐 천주교 신자라고 판명되면 이곳이 고문터가 되어 처참하게 희생되었다.

운젠 지옥계곡으로 올라가는 길은 유황냄새가 진하게 나고, 뜨겁게 솟아오르는 온천수의 증기가 피어올라 현실적인 풍경이 아니라 마치 지옥을 연상시키는 느낌이 들었다.

신앙을 지키다가 순교한 기념터에는 십자가와 비석이 있었다. 뭉클한 마음을 감추며 온천의 열기로 익힌 계란을 먹고 있었다.

일본을 통일한 도요토미 히데요시가 천주교가 성행하는 모습에 불안을 느껴 천주교 금지령이 내리고 탄압이 점점 심해지면서 천주교 신자들은 나가사키현의 깊은 산속과 섬으로 숨었다. 이런 천주교 신자들을 일본은 '카쿠레키리시탄'이라고 부른다. 그 잠복기간이 무려 약 250여년이다.

천주교를 믿는 사람을 탄압했기 때문에, 관음 예수상과 관음 성모상을 만들어 위장하였다. 120여 년 동안 신부가 없던 시절에 비밀을 유지하며 자신들만의 비밀조직을 만들어 신앙을 이어나가는 '잠복신자'들이 존재했다. 잠복신자 조직도는 초카타, 미즈카다, 기키야쿠, 일반신자로 되어 있다. 초카타는 전체 조직의 지도자로 전례력의 관리, 그리고 기도와 교리를 전승했다. 미스카타는 세례를 담당하였고 기키야쿠는 신자와의 연락을 하는 역할이었다.

250년 동안 카쿠레키리시탄들은 산속에 숨어 살면서도 구전으로 천주교를 지켰다. 그들의 기도문은 천주교 교리와는 많은 부분이 다르게 전해지고 있다. 우리의 언어와는 상이하지만 목숨을 걸고 신앙을 지킨 신앙 선조들의 믿음을 묵상하고 참혹하게 순교하신 영혼들을 위하여 기도하며 나 자신 참회하는 시간이었다. 카쿠레키리시탄인은 대부분 가톨릭으로 원복되었으나 일부는 원복을 거부한 하나레키리시탄인들이 아직도 나가사키현 시골에 존재한다고 한다.

고문을 했던 역사는 지나갔지만 아직도 운젠에서 유황가스는 피어나고 있다.

그때 당시 뜨거운 물속에서 고문을 당한 신앙의 선조들은 가고 없지만, 세상이 변해서 종교는 자유를 얻게 되었다.

250년 동안의 박해를 견디어 내고, 120여 년간 기다리던 사제가 와서 이곳에는 천주교회에서 성지순례지가 되고 있다. 자연은 거짓 없이 자기 생긴 대로 활동하고 있지만, 종교와 문화는 사람이 역사를 바꾼다.

일본의 신앙 탄압은 미국과 유럽 각국으로부터 강한 비난을 받았다. 에도 막부가 무너지고 1873년 메이지 6년에 사이고 다카모리가 금교령을 제거함으로서 종교의 자유를 얻게 되었다.

이 세상에 진리 외에 변하지 않는 것은 아무것도 없다. 언제 그 유황온천에 지각 변동이 일어날지는 아무도 모르는 일이다. 또 언제 다시 종교적인 변화가 올지 아무도 모른다.

그러나 우리가 믿고 있는 하느님의 세계는 믿는 자에게만 존재하는 세계이다. 순교자들이 흘린 피는 종교를 몰락시키지 않는 힘을 지닌다. 그 피의 힘으로 순례객을 부른다.

선조 신앙인들의 피와 땀이 서린 운젠의 지옥계곡 온천에서 몸을 씻고, 고해성사로 영혼을 씻었다. 사순절 기간에, 순교의 장소에서 믿음의 뿌리를 점검하고 성찰하는 시간이었다.

*키리시탄(일본어: キリシタン, 포르투갈어: cristão): 막부시대 일본의 크리스천 즉, 기독교 신자들을 가리키는 말이다.

*후미에: 에도 막부에서는 십자가에 못박혀서 매달린 예수나 성모 마리아가 새겨진 목재 또는 금속 성화상을 기독교 신자로 의심되는 사람에게 밟고 지나가게 하여, 예수나 성모 마리아에 대한 신심 때문에 동요하는 기색을 보이거나 밟지 않으면 기독교 신자로 간주하여 체포하였다. 1612년에도 막부 초대 쇼군인 도쿠가와 이에야스의 기리시탄 금지령이 공포되었고, 1619년 2대 도쿠가와 히데타다에 의하여 고사츠(법령을 민간에 널리 알리기 위해 설치한 게시판) 설치 등 거듭되는 기독교 탄압 정책의 맥락에서 1629년 도입되었다. 1856년 나가사키 및 시모다의 개항지에서는 폐지되었으나, 1873년 메이지 정부가 고사츠 철거를 지시할 때까지 기독교 탄압은 계속 이어졌다.

*카쿠레키리시탄: (일본어: 隠れキリシタン)은 17세기 초반부터 19세기 중반까지 밀교 형식으로 신앙을 유지해온 일본의 로마 가톨릭 신자들을 말한다. 1612년에 에도 막부가 가톨릭을 포함한 기독교를 공식적으로 불법화하면서 많은 수의 가톨릭 신자들이 음지로 숨어 들어서 신앙을 유지했고, 그 과정에서 원래의 가톨릭의 교리와는 많은 부분이 달라져 전해지게 되었다.

(2019. 청담수필)

버스 안에서

시계를 보니 자정을 가리킨다.

여성 레지오 피정을 마치고 돌아오다가 우리 단원은 ○○요양병원으로 향했다. 그곳에는 지인의 어머니가 있다. 오늘도 우리를 반갑게 맞으며 일어나기 어려운 몸을 세운다.

우리는 기도를 하고 이런저런 이야기를 나누다 집으로 돌아오는 길이었다. 버스는 한강을 가로질러 달리고 있다. 그때 눈이 내렸다. 올해의 첫눈이다.

갑자기 아버지가 생각났다. 한강으로 조용하게 떨어지는 그 눈송이가 아버지의 눈물로 보인다.

'보고 싶다.'

자상하진 않았지만 이북에 두고 온 아버지의 어머니를 생각하며 눈물 짓던 모습이 어른거린다.

아버지 손을 잡고 결혼식장에 들어갈 때 잡아주던 그 손에서의 물기가 눈이 되어 내 눈시울을 적신다.

눈이 오는 풍경을 승객들은 사진을 찍고 어디론가 전화를 한다. 버스 안이 잠시 어수선해졌다.

버스는 목적지를 향해 달리고 나는 기억을 뒤로하고 다시 현실로 돌아왔다. 몽롱한 가운데 나의 집 앞 정류장에 도착했다. 그새 눈은 그치고, 맑은 하늘이 나타났다.

버스 안에서 눈 내린 풍경을 생각하다 정신을 차린다. 다시 난 논문통과의 과제를 안고 누구에겐가 전화를 한다.

"아버지 저 좀 도와주세요. 힘이 드네요."

(2013. 석사 논문 준비하면서)

우린 소중한 보물단지

2008년에 안산에서 발생한 나영이 사건의 조○○은 어린 소녀를 납치해 강간을 하고 증거인멸 하려고 뚫어뻥을 사용하여 끔찍한 사건을 벌였다. 그럼에도 만취한 상태고 우발적 범행으로 징역 12년 형벌을 받아 곧 출소한다니 안타깝다.

"안 돼요. 안 돼 꼬실이 아줌마 따라가면 절대 안 돼."

관객은 마구 소리를 질러댄다. 성남시 후원사업으로 진행된 성폭력예방 탈 인형극 '우린~소중한 보물단지'를 지적장애여성들로 구성된 극단 예그리나팀과 내가 속해있는 복지회의 강사들이 함께 공연을 했다.

인형극을 활용한 아동성폭력 및 지적장애인 성폭력 예방 프로그램이다. 이 공연은 아동 및 지적장애인들에게 쉽고, 재미있는 인형극을 통해 성폭력을 예방할 수 있게 마련되었다. 지역사회 내 성폭력에 대한 경각심을 높이고, 일상생활에서 낯선 사람이나 아는 사람을 통한 성폭력 시 적절한 대처방법을 익히며 예방할 수 있는 능력을 향상시키고자 하는 의미이다.

인형극은 어린이들에게 발생할 수 있는 소소한 사건을, 상황 극으로 재현해서 성폭력의 사례를 보여준다. 나는 아이들을 유괴하려는 꼬실이 아줌마 역할을 했다. 꼬실이 아줌마는 깁스를 하고 다리가 다친 척을 한다. 다리가 아파서 무거운 가방을 들 수 없으니 아이에게 도와달라고 하고 그 아이를 차에 태워 납치하는 역할이었다.

아이를 태우려 할 때 경찰이 출동하여, 급히 차에 타고 달아나야 하는데, 아이들의 고함 소리인지, 탈 인형이 얼굴을 가려서인지 동선이 꼬이기 시작했다. 차에 오르려다 탈인형 때문에 차문에 부딪히고 허둥지둥 댔다. 그 모습에 극장을 꽉 메꾼 관객들은 박수를 보냈다. 허둥댔던 것이 오히려 극을 살렸다는 평이었다.

연습을 하면서 예그리나 단원들과 많은 대화를 했다. 그나마 그녀들은 이곳에서 연극을 하고, 고충을 털어놓으면서 사회성을 기른다. 우리나라에서 하나밖에 없는 지적 장애여성들이 인형극을 하는 팀이다. 그녀들이 할 수 없는 부분을 강사들이 채워 연극을 한다. 오프닝으로 난타를 선보이는데 그녀들은 해마다 공연을 해서 숙련된 모습을 보였다.

관객들의 환호와 박수소리에 분발하고, 서로서로 배려하며 공연을 이끈 단원들의 모습을 보며 흐뭇하고 기뻤다. 그들과 함께했던 시간을 내 인생에 충전해 놓고, 고단하거나 방전되었을 때 그날을 기억할 것이다.

아이들을 위험이나 사고에서 잘 보살피는 일은 어른들의 몫이다. 어른답고 건강한 행동과 생명의 존중함을 알아야, 영혼이 투명해질 것이다. 자신을 바라보는 거울에 용기 있게 비쳐지는 모습을 기대한다. 자신을 존중할 줄 아는 사람이면 상대방도 소중하게 바라볼 수 있으니까.

(2020 문학시대 수필가회)

내 마음에 머문 사람

- 택시기사

살랑 살랑 바람이 불었다. 아까시 향기가 내 코를 자극하더니 나뭇잎 사이로 후드득 빗방울이 떨어졌다. 이제 내려가야 할 때가 된 것 같다.

산을 해매고 다닌 시간이 얼마나 되었는지 모르겠다. 동생과 마지막 작별을 이 산에서 했다. 흔적이라도 찾아보고 싶었다. 아무런 자취도 보이지 않았다.

동생은 3년여 동안 투병생활을 했다. 나는 매일 매일 기도하며 그 애를 지켜봤다. 22살 나의 하루하루는 지옥 같은 날들이었다. 동생이 나이 15세에 병마에 꺾여 생을 마감하였다.

나는 슬픔을 이기지 못하고 산 속을 해매다 거의 탈진 상태에 택시를 탔다. 택시기사는 내가 애처로워 보였을 것이다. 마구 헛소리를 하며 하염없이 우는 나를 병원에 데려다 놓고 갔다고 했다.

나는 의식을 잃고 사흘 만에 깨어나서 부모의 마음에 또 한 번 대못을 박았다. 내가 겨우 정신을 차리고서야 택시기사를 찾으려고 가족은 백방으로 알아보았지만, 어느 회사 택시인지, 이름이 무엇인지 알 수가 없어 찾을 수 없었다. 병원에서도 연락처를 미처 받지 못했다고 했다.

내 생명을 지켜준 택시기사에게 무어라 고마움을 표현할 수 있겠는가. 그때 하느님을 찾았다. 믿음이 없던 나는 성당으로 가서 택시기사가 행복하기를 기도했다.

동생이 병원에 있을 때, 동생의 사연을 적어 방송국에 보냈다. 그 편지가 방송되던 날 나는 듣지를 못했다. 그리고 동생이 완쾌하기를 기원하는 수십 통의 편지가 집으로 배달되었다. 나는 택시기사를 생각하며 일일이 답장을 해주었다.

그 일을 까마득히 잊고 살다가 수필반에서 내 마음에 머문 사람이 화제가 되었다. 그 택시기사가 떠올랐다. 얼굴도, 성도 이름도 모르는 분이다. 내가 오늘까지 생명을 유지하고 있는 것이 그분의 덕이었다는 것을 상기해 본다.

그분을 만날 수 있다면 따끈한 밥을 정성껏 해주고 싶다. 생사도 알지 못하는 택시기사가 내 기억 밖으로 나가지 않고, 내 안에 머무르고 있다.

(2019. 청담수필)

풋사과처럼

이제 막 한글을 배우고 있는 손자에게 문자가 왔다. 무슨 말인지 모르겠으나 할머니 사랑한다는 내용임을 알 수 있었다. 숫자와 문자가 뒤섞여 있었지만 풋사과를 한 입 베어 무는 느낌이었다.

3박 4일의 제주 성지순례를 갔을 때 나는 남편에게서 손자의 모습을 보았다. 신부님과 동행하는 순례여서 미사를 드려야 하는데 미사 해설자가 없었다. 남편이 해설을 맡게 되었다. 생전 처음 해보는 것이라서, 나도 덩달아 신경이 쓰이고 잠도 오지 않았다. 남편 역시 새벽부터 일어나서 연습을 하며 긴장을 하고 있었다.

그러나, 막상 현지에 가서 새벽 미사가 시작되자 걱정은 바다를 건너는 사이에 사라지고 담담해졌다. 나는 사진을 찍기 위해 분주하면서도 남편의 말 한마디 한마디에 집중했다. 약간의 실수는 있었지만 농익은 전례 해설자에 없는 풋사과의 신선함을 느꼈다. 덜

익었지만 자연스럽게 익어가는 과정을 지켜본 신자들은, 소박하고 신선한 진행이었다고 위로의 말을 해주었다.

내가 문화홍보분과에서 봉사를 하고 남편을 보며 기분 좋은 것은, 해보지 않은 일을 한 가지 더 함으로써, 주님께 가까이 가는 것 같아서이다.

시댁은 유교집안이었고 아들이 없어서 굿을 하여 얻은 아들이라는 태생 내력을 가진 남편이다. 시부모는 그 아들을 애지중지 키워서인지 약간은 자기중심적인 면이 있었다. 나도 세 자매였다가 홀로 남게 되니 자동 외동의 습성이 있어 우리 부부는 부딪히는 일이 많았다.

시부모와 같이 살기 때문에 큰소리를 낼 수가 없어서 마음이 아프면 신자는 아니었어도 성당 앞을 배회했다. 교리 공부를 하다 결혼을 하는 바람에 세례를 받지 못했다.

그날도 성당 앞을 배회하다 성당에서 나오는 분과 눈이 마주쳐 이런저런 이야기를 하다 나도 모르게 교리를 신청하고 있었다. 시부모와 남편에게 어떻게 허락을 받을지 난감했는데 쾌히 승낙을 해서 교리 공부를 하고 세례를 받는 날이었다.

세례식은 저녁 미사시간이었다. 남편은 괜스레 화를 내기 시작했다. 주일 저녁에 식사 준비는 하지 않고 들떠 있다는 것이다. 일찌감치 시부모 저녁을 차려놓고 집을 나서는데 마음이 편하지는 않았다.

시아버지는 나 외에 가족이 성당에 다니는 것을 허락하지 않았다. 아이들을 성당에 데리고 가는 것도 금기였다.

그러다 차츰 아이들을 데리고 성당에 나갈 수 있게 되었을 무렵, 시아버지가 암 선고를 받고 세례를 받았다. 그리고 편안하게 눈을 감을 수 있게 되었다. 천주교와 유교의 장례절차를 절충하여 치르게 되었다. 입관을 하는 성당 연령회에게 친지들은 감동을 받았다. 그로 인해 우리 가족은 모두 세례를 받았다.

남편은 세례를 받고 신부님의 뜻에 따라 사목회 일원으로 임무를 다 했다. 선교분과와 청년분과장을 거쳤지만, 미사 해설은 처음이었다.

잘 길들지 않은 전례 진행이었지만 할 사람이 없을 때 선뜻 손 들어준 남편이 더없이 고마웠다.

남편과 신앙생활을 함께할 수 있고, 성지순례까지 다닐 수 있게 된 것과 어눌하지만 미사 해설까지 하게 된 남편에게서 풋사과의 상큼한 향기를 맛보는 순간이 되었다. 왜 나에게는 손자와 남편이 동격으로 보이는지 모르겠다.

(2018 청담수필)

두 대의 버스

생각만 해도 기분 좋은 만남이 있다. 그러한 만남이 있는 날에는 나를 치장하는데 아낌없이 시간과 에너지를 투자한다. 그렇지만 우연히 기분 좋은 만남이 오기도 하고 일을 위한 만남도 있다. 또는 소유하고 싶은 것과의 만남도 있고, 마음의 안정과 치유가 되는 신과의 만남도 있다.

얼마 전, 남과 북 두 정상의 역사적인 만남은 우리나라뿐 아니라 전 세계의 관심이 집중되었다. 이 만남에는 전쟁에 대한 공포를 불식시켜줄 기대감이 커서 희망의 불을 지펴주었다. 북미 정상의 만남도 횟수를 거듭하며 진행되는 동안 소중한 만남으로 이어져 평화의 물길이 흐르기를 간절히 바라게 된다.

순례여행을 가기 위해 기대감으로 집을 나서 마리산부인과 앞에 주차된 버스에 올랐다. 이 버스에 오르는 사람들은 예쁘게 치장을 하고 상기된 표정이었다. 그러나 대각선 위치에 주차된 성당 앞의 버스에는 장례미사를 마친 상주들이 버스에 오르고 있었다.

한쪽 버스 앞에서는 생명이 태어나고, 그 버스 안에는 여행을 떠나는 사람들끼리 환한 얼굴로 인사를 나누는데, 다른 쪽에서는 생애 마지막 여행길을 떠난다. 두 대의 버스에는 만남과 헤어짐을 준비하고 있었다. 장의차를 보면서 일원동 성당에서 활동하던 날들의 기억이 소환되었다.

벌써 25년의 세월이 갔다. 그때는 젊어서인지 많은 일을 소화했다. 성당 반장을 하면서 소공동체 모임을 충실하게 했다. 성당 건축을 하기 위해 이것저것 팔기도 하고 주어지는 일마다 충실하게 소임을 이행하였다. 다소 무리한 요구를 해도 반원들은 마다하지 않고 수고한다는 말을 곁들여 주어서 따뜻한 시간이었다.

구역에 초상이 나면, 구역장 반장들은 상주가 되어 시장 보는 일과 음식장만 등 장례미사, 장지수행까지 하며 사랑의 온도를 높였다. 그때부터 지금까지 레지오 활동을 하던 사람들의 모임이 이어지고 있다. 지금은 타 지역에 사는 사람들이 더 많지만, 우리의 만남은 지속되고 있다.

기도하며 봉사하는 모임이어서일까. 만남의 횟수가 늘어갈수록 서로를 이해하며 배려하는 마음이 깊어지고 있다. 그중에 L언니는 2년 전에 남편과 사별을 했다. 그 슬픔이 채 사라지기 전에 억장이 무너지는 소식을 듣게 되었다. 그 언니가 유방암 4기라서 수술을 하지도 못 한다는 이야기를 들었다. 언니를 위해 전원이 모였다. 많이 핼쓱해진 얼굴로 애써 미소를 지었지만 우린 마음속으로 울었다.

하느님께서는 천지창조를 하고 마지막으로 사람을 빚으시어 인간에게 번성하라고 하셨다. 마리산부인과에서는 그 일을 돕고 남녀는 부모라는 호칭을 얻게 된다. 새로운 만남으로 행복해 하고, 성당 영안실에서는 이별의 아쉬움을 토해낸다.

L언니와의 만남이 언제까지 이어질지 모르겠지만, 무거운 짐을 내려놓고 편안한 마음이었으면 한다. 이러저러한 생각으로 이어지던 시간이 지나자 두 대의 버스는 행선지를 향해 출발하였다.

(2019 수필시대)

재능 기부

사람은 저마다 재능을 갖고 태어난다. 누군가가 그 재능을 발견하고 능력을 발휘할 수 있게 관심을 보이면 성장할 수 있다. 연습과 노력의 결과에 따라 향상의 정도가 달라진다.

자신의 잠재력을 알지 못하고 살아가는 사람도 있고, 재능이 있어도 연습과 노력을 게을리 하여 능력을 키워나가지 못하는 사람도 있다. 그런가 하면 자신만의 재능을 잘 활용하고 특성을 살려서 훈련을 해도 결과를 내지 못하는 경우가 있을 수 있다.

내 기억에는 없지만, 어린 시절에 나는 말을 잘 하고 동정심이 많아서 부모님은 변호사가 되려나보다 하고 기대를 많이 했었다고 한다. 그런데 사회복지사가 되었다. 비록 부모님의 기대는 미치지 못했지만 지금 나는 내 삶에 만족한다.

성당의 봉사단체에서 만난 선생님이 나의 재능을 발견하고 성장할 수 있도록 이끌어 주었다. 나는 내가 알지 못하는 분야를 누군가가 부탁을 하면 그것이 내 재능이라 생각하고 그 일을 책임감 있게 완수하고 인정받으려고 내 능력을 철없이 과시하곤 했다.

그러나 나의 선생님은 수필가이지만 자신의 이름을 밝히지 않고 성당 주보에 15년 동안 글을 쓰다가 이후 10년은 타인의 종용에 따라 이름을 걸고 썼다. 또 성당 수필동호회에 재능기부를 하면서 여러 명이 수필가로 등단을 하도록 조력자의 역할을 하며 맛깔나는 수업을 한다. 복지관에서 장애인들에게 수필 수업을 하며 그들의 내면세계와 외적 행동까지도 발전할 수 있도록 도움을 주고 있지만 능력을 자만하거나 우월해하지 않는다. 겸허하고 깊은 신앙심이 눈부신 하루하루로 이끄는 것이다.

나는 다양한 분야를 경험하고 있다. 그러나 재능기부를 할 만한 능력을 갖추지 못했다. 많은 것을 알아가는 것이 재미있었다. 하고 싶은 것도 많고 호기심이 많다. 새로운 것과 모르는 것을 공부하는 것이 낙이라고 생각한 적도 있었다. 그러나 어디까지 아마추어 실력이지 프로는 되지 못하고 있다. 끈기나 인내가 없는 것도 아닌데 무엇이 문제일까.

'우물을 파도 한 우물을 파라'는 속담을 새겨듣지 못한 탓이기도 하다. 10년이면 강산도 변하는데 한 가지 일을 꾸준히 계속하면 좋은 결과를 얻을 수 있을 것은 자명하나 재미에 기울어져 에너지를 한데 모으지 못한 탓일 게다. 시간을 낭비한 죄과는 열매가 없다.

나는 착각했다. 멀티태스킹(동시에 여러 가지 일을 처리하는 행동)이라고 생각했다. 가정에서 식사 준비를 하면서 잠깐 어떤 생각이 나면 컴퓨터 앞에 앉아 글을 쓰기도 한다. 카톡 문자가 오면 일일이 답변을 하고 더러운 곳이 눈에 띄면 청소를 하기도 한다. 혼자 바쁜 것처럼 행동하고 있다.

성당에서도 여러 분야에 활동을 한다. 신심단체인 레지오, 문화홍보분과, 구역 반장, 호스피스 등 이런 멀티적인 나를 사람들은 안쓰러워한다. 많은 일을 하다 건강 해칠까 걱정된다고 한다. 제아무리 재능이 많아도 에너지를 몰아주는 사람과 잘게 나누는 사람의 결과치는 다를 것이다.

지인은 여러 가지 할 수 있는 능력과 소질이 있는 사람인데도 그림에만 충실히 해서 학생들을 지도하는 선생님이 되었다. 배운 만큼 공부한 만큼 나누어 주는 것은 자녀수를 줄여 키운 세대의 사람으로서 갖추어야 할 덕목일 것이다.

한 가지 일에 열중하면 일의 효율성이나 집중력이 향상되어 정도를 높이게 되고 그래야만 타인에게 나누어 주어도 귀를 기울일 것이다.

나는 이제 멀티의 허물을 벗고 라이프 스타일을 바꾸려고 한다. 여러 가지로 에너지를 소진하지 않고 글에 집중하려고 한다. 마음이 편안해진다. 차근차근 준비하여 조용히 눈이 쌓이듯 내면을 키워가다가 보면 내가 필요한 곳이 생기리라. (2020)

4.

지휘자의 춤

전통은 무너지고

웹툰 작가 이서현씨는 여성이 일방적으로 부계 차례를 준비 희생하는 것이 불합리 하다고 남편과 시댁에 알리니 받아들여졌다고 한다. 그래서 명절에는 남편만 시댁에 가서 차례를 돕는다고 한다. 그 대신 명절이 아닌 때 1년에 한두 번 시댁에 내려가 시부모와 시간을 함께 지낸다고 한다.

이 씨는 자신의 블로그에 '제사 가지 말고 나랑 놀자'라는 행사 홍보 글을 올렸다. 글을 올린 지 4시간 만에 40여 명이 신청했고 15명이 모이기로 했다는 신문 기사를 보고 용기 있는 여성이라고 생각했다.

나는 장손 며느리이기 때문에 시도를 하지 못했지만, 장남이 아니었으면 남편만 보내는 날이 있었을지도 모른다. 명절에 작은집에서는 며느리는 오지 않고 서방님만 오는 경우가 있는데 나는 받아들이고 있다.

조상의 제사는 오래된 관행일까. 언제부터 유래된 관습인지도 확인하지 않고 본질이 무엇인지도 모르고 지내왔으나 알아보고 싶어졌다.

우리나라의 조상 제사는 송나라 때 주자학을 창안한 주의(주자)였다. 이 주자학이 우리나라에 도입되어 퇴계 이황에 의해 '성리학'으로 정립되어 제사제도가 유입되었다.

제사는 조상에 대한 존경과 추모의 표현 형식이다. 후손들에게 효심을 나타내는 의식이다. 또한 가족 간 관계를 유지하며 우애를 다짐하는 자리라고 말은 하지만 나는 의구심이 간다. 정말 추모하는 마음으로 지내는가.

돌이켜보니 나는 시대 관혼상제의 행사에 순응하며 참여했다. 친정 부모에게 그렇게 교육을 받았고, 그것이 예의려니 하고 지낸 것이다.

옛 어른들은 생명의 근원을 조상이라고 생각했기 때문에 제례에 마음의 비중을 크게 두고 정성을 쏟았다. 먹을 것이 귀했던 시절에 제삿날에는 후손의 도리라고 생각해 음식을 차려놓고 자손들의 부귀와 행복을 위해 예를 표했다. 아이들은 제삿날이 생일이고, 맛있는 음식을 먹을 수 있어 마냥 즐거워했다.

기일이나 명절에 제사를 지내기 위해 가족이 모여서 화목한 가정이 있다. 그런데 그 반대의 경우도 있다. 조그만 불씨가 화근이 되어 가족 간 불화가 생기고, 남보다 못한 사이가 된다.

여자뿐 아니라 남자도 의무감에 지내는 제사 때문에 아내와 불화가 생기는 것을 방지하고 싶어 변화하기를 바라는 사람도 늘어나고 있다.

제사 음식을 주문해서 제례를 지내는 지인은 시장보고 음식 하는 수고를 덜어 직장 다니는 며느리가 스트레스를 받지 않게 되어, 가정의 평화가 왔다고 한다.

나는 4남매 중 맏이다. 남동생이 셋이 있지만 조상을 모시는 첫째 올케의 수고를 덜어주기 위해 아버지 기일에 모든 제사를 드리는 것으로 정했다. 올케가 불교 신자여서 절에 모셔 기일에 절에 가서 제례를 드린다.

전통을 고수하던 우리 집에도 변화가 찾아왔다. 남편이 외국에서 사업을 하여, 남편 없이 기일을 보내는 날이 되었다. 영상 통화를 하면서 이원방송을 하며 제사를 지냈다. 사실 나도 그분들을 뵙지 못했는데 손자들까지 와서 기일을 지내는 것이 무슨 의미가 있을까.

올해 조부 기일에는 관습이나 제도에 얽매이지 않고 차례상을 차리지 않았다. 가족이 좋아하는 음식을 준비한 뒤 연도*하고 음식을 먹으며 화기애애한 기일을 지냈다. 우리 집도 전통이 무너지고 있다

제사상을 차리지 않고 연도를 하면 정성이 부족한 것 같고, 자녀들은 어떻게 생각할까 약간 갈등을 했지만 큰손자는 한글을 깨우쳐

연도를 따라하고 좋아하는 음식을 해서 가족이 맛있게 먹는 걸 보니 마음이 편해졌다.

죽은 영혼을 섬기는 사람들이 제례를 통해 예를 갖추면 도움을 받는다고 믿으며 정성을 들였다. 하지만 정성에 비해 허무한 마음이 많았다. 기일과 명절에 서서히 성당에서 연미사*로 제사를 대신할 생각이다.

사회 변화의 바람이 불어 내가 편리한 쪽으로 마음이 기우는 것은 어쩔 수 없다.

*연도: 연옥 영혼을 위한 기도라는 뜻, 가톨릭 신자가 선종하면, 신자가 속한 성당의 연령회 회원, 구역별 모임 회원, 레지오 마리에 회원을 비롯하여 신자들이 문상 중에 기도를 드린다.

*연미사: (위령미사) 연옥에 있는 이를 위해 드리는 미사를 가리키는 옛말이다. 연옥이란 의인의 영혼이 천국에 들어가기 전에 소죄가 정화되는 상태 또는 과정이다.[출처] 천주교 교리!

(2019)

인도, 맛과 멋 그리고 의미

- 인도의 멋

딸이 걱정한다.

"엄마는 기관지가 좋지 않아서 인도 여행이 무리일 것 같은데 괜찮겠어요?"

"응, 가보지도 않고 어렵다고 하면 겁쟁이지, 엄만 꼭 갈 거야."

난 어떤 결정을 내리면 힘이 들더라도 전폭적으로 받아들이는 버릇이 있다. 이 버릇이 인도 여행을 하게 된 것일까?

기대와 걱정으로 비행기에 오른다. 답답하고 긴 시간이 끝나고 델리에 도착하여 입국 심사가 있었다. 우리 일행 모두가 지친 상태다.

다음날 여독이 풀리지 않은 채 타지마할의 영향을 준 후마윤 무덤을 탐방하고 저녁에는 야간 기차를 타고 암리차르로 이동했다.

야간기차의 침대는 3층으로 나누어져 있었다. 나는 가운데 칸이 배정되었다. 침대 열차는 사용하는 방법에 따라 다르겠지만, 잠자는 것을 제외 하면 가운데 칸이 좋았다. 가운데 칸의 장점으로는 우선 통로를 지나가는 사람에게 잠자는 것 외에는 방해를 받지 않고, 바깥 경치를 볼 수 있으며, 하루 내내 자고 싶은 만큼 잘 수 있고, 화장실이나 식사, 차를 마시는 데 편리한 점이 있다. 그러나 우린 야간기차를 이용했기 때문에 저녁식사 후 잠을 청했다. 위 칸은 나를 누르는 듯하고, 아래 칸은 부스럭 되는 바람에 잠을 설쳤다. 아침이 되어 암리차르로역에 도착했을 땐 부스스한 모습이었다.

황금사원으로 향했다. 400kg의 황금으로 만들어진 사원은 암리차르의 중심부에 위치하고 있다. 암리차르 황금사원은 시크교의 가장 중요한 성지로 1574년에 공사를 시작하여 1604년에 구르 아르잔 데브가 완공했다. 번쩍이는 황금지붕의 사원이 연못에 비추는 모습은 아침 햇빛이 햇살 비늘로 연상되었다. 황금사원은 사원을 가운데 두고 연못이 대리석 바닥 회랑으로 빙 둘러져 있다.

사원에서는 신발을 벗고 머리카락을 가리는 것이 예의이다. 그곳을 출입하는 모든 사람은 두건(스카프)으로 머리를 두른다. 시크교의 창시자는 구루 나낙이며, 생사의 윤회에서 벗어나 신과 영원히 합일하는 것이 진정한 해탈이라고 여긴다. 시크교는 우상, 신상들도 모시지 않는다. 시크교도들은 독특한 모양의 터번을 하고 다닌다. 황금사원에서는 이른 새벽부터 몰려드는 순례객과 여행객들에게 무료 배식을 한다. 물론 후원과 자원봉사로 이루어진다고 한다. 영국 BBC방송에서 선정한 죽기 전에 가봐야 할 곳 7위에 랭크되어 있는 곳이기도 하다. 황금사원은 그동안 내가 보아온 사원 중 아름다움의 으뜸이었다.

인도에는 다양한 종교가 있지만 나는 시크교가 기억에 남는다.

- 인도의 맛

인도인들은 소를 숭배하는 힌두교인들이 대부분을 차지해서 쇠고기를 먹지 않는다. 또한 채식주의자도 많다. 인도 음식은 향신료가 들어가서 독특한 향이 있다. 지금은 수저나 숟가락을 사용하지만 그 나라의 관습에 맞추어서 손으로 먹는 것이 더 맛있게 먹는 방법일 것이다. 인도 북부지방에서는 밀을 이용한 '난'이나 '짜파티'를 주식으로 하고 남부지방에서는 쌀을 주식으로 한다. 짜파티는 밀가루를 물로 개어 손바닥으로 얇게 쳐서 만든 것이고 난은 밀을 발효시켜 만든 것이어서 조금 부풀어 있다. 짜파티는 달이나 커리에 찍어 먹는다. 달은 삶은 콩에 마실라를 가미한 인도식 스프이다.

인도 음식은 '탄투리치킨'과 '탈리'가 있다. 인도인들은 쇠고기를 먹지 않기 때문에 닭고기, 양고기, 돼지고기를 이용한 요리가 발달했고 특히 탄두리는 화덕에서 구운 바비큐이다. 탄두리치킨은 닭에 요구르트와 향신료를 섞어 만든 소스에 재워 두었다가 구워낸 요리이다. 나는 닭고기, 양고기를 먹지 못해서 탄두리치킨의 맛을 설명하기 어렵다. 나는 카레를 좋아하지 않는다. 그러나 인도에서 먹어보지 않으면 후회가 될 것 같았다. 주로 야채를 이용한 것과 파니르라는 부드러운 치즈와 채소를 넣은 것으로만 먹었다. 난을 찢어서 손으로 커리를 찍어 먹었던 기억이 지금도 입안에 감돈다.

인도에서는 생수도 조심하라고 한다. 그래서 차를 많이 마시는데 '짜이'는 홍차에 우유와 설탕으로 맛을 낸 것이고 '라씨'는 요구르트에 과일을 갈아 만든 주스이다. 주로 시장 길거리에서 판다. 아침에 호텔을 나서면 사람들은 짜이를 마시려고 판매대 앞에서 줄을 서서 기다린다.

여행을 하면 그 자체가 즐겁지만 그 나라 음식을 먹고 그 나라의 전통 의상과 문화를 누리는 것 또한 여행하는 맛이다.

- 인도의 의미

인도의 특징은 다양성에 있다. 지형과 기후, 종족과 언어 등 어떠한 단어로 표현하기 어려운 나라이다. 고대 사회로부터 카스트라는 제도가 있어 직업도 아주 세밀하게 세분화가 되어있다. 정신주의와 물질주의가 발달하고 고대로부터 동서양이 만난 곳으로 복합적인 문화의 성격을 띤다. 음식은 자연식을 한다. 또한 학문은 심리학이 발달되어있다. 이런 좋은 조건이 미래를 보장해줄 것 같은 희망으로 보인다.

인도는 외지인들의 손길이 닿지 않은 곳은, 깨끗한 공기와 울창한 산림이 있다. 사람과 자연이 조화를 이루고 있다. 그 신비로움을 깨고 쓰레기통이 있어도 사람들은 무시하고 아무데나 쓰레기를 버리고 아침이면 청소를 한다.

소와 개 등의 배설물과 다양한 부류의 사람들, 상상할 수 없이 무질서한 교통질서와 그곳의 특유한 냄새는 숨을 쉴 수가 없었다. 그런 환경도 하루하루 시간이 지나니 익숙해졌다. 자연의 소중함을 깨닫고, 숲과 동물, 식물을 보호하고, 혼잡한 교통질서를 잘 지킨다면, 그 신비로움은 오랫동안 간직될 것이다.

여행길은 행복하다. 새로운 문화를 만나고, 동행인들에게도 낯선 모습을 보게 된다. 더욱이 눈이 깊고 콧날이 오뚝한 유형의 인도인을 만나면 선입견인지는 모르지만 영혼의 깊이가 있어 보인다. 나중에 안 일이지만 어려서부터 눈에 문신을 하여 그런 인상이 만들어진 것 같다.

어느새 내가 인도에서 사온 옷들을 찢어지고 올은 다 풀려서 입지 못하게 되었다. 인도에 대한 기억도 그 옷처럼 낡아지고 있다. 그곳 야간 침대기차에서 위 칸은 천당이라며 수다를 떨었던 일, 히말라야 3,500미터 고산에서의 숨 막힐 정도로 아름다웠던 풍경, 텐트에서 잘 때 춥고 고산병에 시달렸던 일, 밤새 굽이지고, 험한 길에서 멀미에 시달렸던 일도 아름다운 추억으로 남는다. 또 나는 패션에 남다른 취미가 있어서 인도인들의 치장과 의류 장식을 사 모은 것을 지금 하나씩 꺼내보면 그 시간이 그리워진다. 고통스러워 다시는 쳐다보지도 않을 것 같던 고통도 지금은 내 기억에 한 편을 장식한다.

여행은 세월이 가도 남고, 힘든 것은 사라져 가니 여행은 다니고 볼 일이다.

(2017 청담수필)

죽이 된 불고기

나는 장손의 외며느리이니 명절에는 일손이 바쁘다.

어릴 적에는 친척이 없어 사람이 그리웠다. 친지와 가족이 많은 집으로 결혼하여 한동안 명절에는 북적대니 사람 사는 맛이 났다. 그런데 요즘은 시아버지를 비롯하여 시댁 어른들이 소천해서 각자 집에서 명절을 보낸다. 시누이들도 어머니 돌아가신 후로 왕래가 뜸해졌다.

그래도 명절 차례는 내 몫이다. 장보는 일부터 명절의 시작이다. 차례 지낼 음식과 가족들이 며칠 먹을 음식을 준비한다. 명절 전날은 남편과 아들, 손자는 선산으로 성묘를 다녀온다. 그사이 며느리와 음식을 하며 살아가는 이야기를 나눈다.

며느리는 피아노를 전공해서 피아노 칠 때 손이 제일 예쁘게 느껴지는데, 그 손으로 일할 때면 안쓰럽다. 음식은 자신이 없지만 전 부치는 일은 잘할 수 있다며 웃는 모습이 아름답다.

두 아들을 키우는 며느리는 힘든 내색 하지 않고, 아이들을 신앙으로 건강하게 보살피고 있다. 그런 며느리에게 나는 엄지 척을 해준다.

나는 며느리에게 음식 전수를 한다고 고기에 넣을 양념을 설명했다. 파인애플과 배, 사과즙을 마련하고 그 외 양념을 첨가하여 버무려 숙성까지 했다.

그러나 '부족한 것이 과한 것보다 낫다'는 말을 실감나게 하는 사건이 터졌다. 평소보다 많은 양의 과즙으로 인해 고기의 살이 녹아 수저로 떠먹을 형편이 되었다. 불고기 죽이 되고 말았다. 손님이 오면 준다고 남겨놓은 갈비찜도 뼈만 돌아다니고 있었다. 과한 양념을 넣은 탓으로 고기는 며칠을 견디지 못하고 시큼하게 변해서, 가족 몰래 버려야 하는 사달까지 벌어졌다.

며느리는 내가 하는 모든 것을 답습하려 한다. 어머니는 일을 쉽게 쉽게 하고 반찬을 빠른 시간에 잘할 수 있는지 궁금해 한다. 그런 며느리에게 나는 잘나 보이고 싶고, 좋은 시어머니가 되고 싶어서 웬만하면 잔소리를 하지 않는다.

나를 잘 따라주는 며느리에게 지나치게 애정을 쏟아, 자칫 시어머니의 권위가 떨어질까 남편은 나에게 시어머니로서 위상이 약하다고 핀잔을 주기도 한다.

사람 좋아하는 나는 명절증후군을 모르고 살았다. 가족들이 만나는 게 즐겁고 음식 장만하는 것도 행복하다. 시댁 가족은 나에게 힘을 실어준다. 차례음식을 주로 하지만 가족들이 좋아하는 것을 보탠다.

너무 잘하려다 실수한 이야기를 수필반에서 했더니 언니들이 한 마디씩 거든다. 고기 열 근에 키위 하나면 된다. 콜라도 좋다. 쌍화탕은 냄새도 잡아준다며 열띤 토론이 시작되어 한바탕 웃고, 요리교실이 되었다.

이래저래 수필반은 나에게 삶의 질을 높여주는 곳이다. 내년에는 고수 언니의 지침대로 쌍화탕을 넣고 갈비를 재어 며느리에게 전수해야겠다. 명절이 오기 전에 먼저 실습해야 하니 어쨌든 갈비 요리를 한 번 하게 생겼다.

죽는 날까지 배울 게 있다는 것이 행복하다. 그런데 누군가 내 삶에서도 무엇을 배울까.

(문학시대 2020)

지금은 전쟁 중

내가 살던 아파트가 재건축을 하게 되었다. 한쪽에선 재건축해야 한다고 외치고, 또 다른 쪽에선 재건축 조합에 상반된 의견으로 전쟁 중이었으나 어느새 전쟁은 끝나고 이주 발표가 났다. 새로운 전쟁이 시작되었다.

몇 년간 쓰지 않은 물건을 버릴까 말까 갈등한다. 잠재되어 있던 그 물건들과의 기억이 버리는 자유를 마구마구 억압한다. 버리기와 눌러두기가 전쟁 중이다. 빨리 재건축이 되어서 새집에서 살고 싶다고 노래를 했건만 막상 이사를 가야 한다니 이 집에 대한 추억이 비워야 하는 마음을 비우지 못하게 내 발목을 잡는다.

딸이 대학교 입시를 보고 결과를 기다리던 어느 날, 지인의 달콤한 유혹에 빠져 점 보는 집에 갔었다. 그때 이사를 해야 남편이 죽지 않고 산다고 했다. 당황스럽고 어리둥절했지만 결국 이사를 한 집이 지금 살고 있는 집이다.

시어머니는 반신불수가 되었고, 간간이 치매증상으로 정신이 오락가락 했다. 나는 마음을 다해서 어머니에게 다가갔다. 어머니도 우리 곁을 떠났다. 돌이켜 보니 그때도 나는 시어머니 병과 전쟁 중이었다.

지금은 딸의 가족과 함께 살다보니 육아전쟁을 치루고 있다. 나는 아이들을 돌보면서 좋아하는 그림을 그릴 시간이 없어졌다. 글 쓰는 것도 아이들이 순조롭게 잘 자는 밤에나 짬을 내서 쓰고 있다. 내 욕구와의 전쟁도 꿈틀거리지만 아무것도 중요하지는 않다. 하나의 생명체가 자라고 있어서 나는 그 아이들에게 충실하고 싶다.

요즘은 코로나19 바이러스와 전쟁이다. 그 세균으로 나는 아이들과 더 가까이 지낼 기회가 되었다. 손을 자주 깨끗이 씻고, 외출 시에는 마스크를 착용을 해서 타인으로부터의 이물질을 받지 말아야 한다. 그래서 되도록 중요한 일이 아니면 나는 아이들과 집에서 지내는 날이 많아졌다. 이젠 아이들도 외출하고 오면 손부터 씻는 버릇이 생겼다.

어디서부터 잘못되고 어디서부터 시작되었는지 온 세계가 심각하다. 사람들과의 접촉이 무서운 세상이 되고 말았다.

의료진들의 수고와 끊임없는 신약개발 연구에 이 전쟁이 빨리 끝나서 악수를 자유롭게 하는 날을 기대한다.

흉흉한 세상에 어떤 이는 수도자처럼 생활한다고 한다. 외출을 못하니 책을 읽고 묵상하며 영적생활을 한다. 또 어떤 이는 집에 콕 박혀서 그동안 하지 못했던 집안일을 하기도 한다. 나는 아이들과 함께 놀이하고 이사할 준비를 하고 있다.

이사를 하면 딸은 자신의 집으로 돌아간다. 힘은 들겠지만 홀로서기를 하겠다고 선언을 했다. 외출을 삼가 하니 가족과 기도하고 대화하는 시간을 갖게 되어 외부에서 차단되었던 길이 집안에서 길이 열린다.

언젠가는 전쟁이 끝날 것이므로 세균과의 전쟁에서도 국민행동수칙에 따라 개인위생과 의료진이 안내하는 수칙을 잘 지키고 기다리면 일상의 봄이 올 것이다. (2020)

지하철 냄새와 향수

“지하철 타는 사람들한테 나는 냄새 있잖아.”

“지하철을 안 탄 지 너무 오래돼서 기억이 안 나.”

전 세계 영화인들에게 관심과 봉준호 장르까지 생긴 영화 ‘기생충’은 세계 각국에 개봉되어 관객몰이가 대단하다.

영화 ‘기생충’은 빈부격차의 양극화를 냄새와 사는 곳에 역점을 두어 제작되었다. 부자의 집은 정원이 내려다보이는 2층집으로 설정했다. 빈자의 집은 햇볕이 들지 않는 반지하 단칸방이다. 그 방은 퀴퀴하고 눅눅한 곰팡이 냄새가 난다. 마치 덜 마른 걸레에서 나는 냄새가 공간에 배어 그곳에 기거하는 사람에까지 스며든 것 같다. ‘기생충’에서는 그 냄새를 지하철 냄새로 연장해서 비유했다. 그리고 영화에 등장하는 집에는 주인도 모르는 비밀스런 공간 지하벙커가 있다. 그곳은 처음 집을 설계한 건축가와 가정부만 알고 있다. 지하에서 나는 묘한 분위기와 냄새가 기이한 기류를 흐르게 한다. 그 지하벙커에는 가정부의 남편이 사업에 실패하여 쫓기게 되자 남편을 그곳에 숨기고 냉장고를 축내면서 기생충처럼 서식하고 있었다. 주인이 바뀌었지만 새 주인은 전혀 알지 못하는 동거인이다.

반지하에 살던 가족이 이 집에 사기 위장 취업을 하면서, 지하벙커에 살고 있는 존재를 알게 되었다. 그 존재들은 주인의 눈을 피해 인간다운 삶을 영위하고자 하지만, 서로의 자리를 빼앗기지 않으려고 한다. 선을 넘어서 각본대로 움직여지지 않자 사회적 지위는 어긋난다. 지긋지긋한 냄새에서 자유로워지고 싶어 한다. 영화에서는 냄새가 난다고 표현을 했다가 죽음에 이른다. 가난이 수치스러운 것은 아니지만, 들키면 수치로 느껴진다.

살아있는 지구의 모든 것들은 자신의 특유한 냄새를 지니고 있다. 내 딸은 외할머니한테서 미제 화장품 냄새가 났다고 한다. 내가 어릴 적에는 보따리 상인들이 가가호호 찾아 다녔다. 그 보따리에는 미제 화장품, 양주, 옷감, 초콜릿 등 여러 가지 물건이 있었다. 어머니는 이것저것을 구입하였다. 그중에 미제 화장품을 가장 선호하였다. 딸은 할머니의 냄새를 화장품 향기로 느꼈던 것이다.

나에게서는 무슨 냄새가 날까. 요즘 남편과 막걸리를 즐겨 마신다. 손주는 마트에 가면 막걸리 코너로 가서 할아버지 것이라며 장바구니에 담는다. 아이에게 할아버지는 막걸리 냄새라고 기억하고 있는 것일까. 이 광경을 지켜보던 나는 그날부터 술을 마시지 않기로 했다. 아이에게 할머니 냄새가 술 냄새로 기억 되는 것이 바람직하지 않다는 생각이다.

나는 책상에 앉아 컴퓨터 워드의 경쾌한 소리를 들으며 글을 쓰는 손에서 향기를 느끼게 하고 싶다. 나의 생각과, 내 삶이 글을 쓰고 있을 때 자유롭고 행복한 모습을 내 냄새로 기억 하고 싶다.

냄새, 사전적 의미로는 코로 맡을 수 있는 온갖 것의 기운이다. 일정한 사물에만 있는 특수한 냄새가 있다.

사람에게는 개인마다 고유의 체취가 있다. 땀 냄새나 음식물을 섭취해서 나는 냄새는 청결하게 씻으면 냄새를 지울 수 있다. 그러나 몸에 문제가 있거나, 선천적으로 냄새가 나는 사람이 있다. 그 냄새를 없애보려고 향수를 살짝 살짝 뿌려서 좋은 냄새가 나도록 유도한다.

톰 티크베어 감독의 영화 '향수 - 어느 살인자의 이야기'는 시각적 관점에서 영화를 보는데 내 후각은 냄새를 맡고 있는 듯한 느낌을 받았다. 생선 비린내에서 인간의 향기 그리고 매혹적인 향수에 이르기 까지 오감이 자극했다.

생선 냄새와 오물이 뒤덮인 시장 한쪽에서 아이가 태어난다. 생선가게를 운영하는 여인은 아이를 출산과 동시에 심한 악취와 구더기가 우글거리는 생선 쓰레기더미에 버린다. 아이를 버린 것이 들통이 나서 여인은 사형에 처하고 아이는 고아원에 맡겨진다. 아이는 자라면서 죽을 고비를 넘기고, 노예생활을 하는 불행한 삶이었다. 성인이 되면서 그는 천부적으로 발달된 후각으로 한번 맡은 향은 절대로 잊어버리지 않는 절대 후각의 소유자였다. 우연히 만난 한 여인에게서 땀 냄새나 쓰레기 냄새가 아닌 매혹적인 향수 냄새에 황홀해진다. 그 향기를 간직하고 싶은 야욕에 향수 제조사에 취직을 한다.

매혹적인 향수를 만들기 위해 13번째 재료를 찾아서 자신만의 냄새를 만드는데 성공한다. 하지만 그 속에 감추어진 비밀이 있다. 사람의 향기에 도취되어 사람의 향을 도구로 삼아 향수를 만든다. 사람들은 그가 살인자란 것을 알지만, 사형 집행 날 군중들은 그 향에 취해 이성을 잃고 동물적인 본능으로 쾌락에 빠지고 만다. 주인공은 향수로 찬양은 받지만, 신분이 상승되거나 진실한 사랑은 얻지 못한다.

결국, 더럽고 악취가 나는 본인이 태어난 곳으로 가서 그 냄새 속으로 사라진다. 필경 향기가 좋고 아름다운 것은 오래 남지 못하는 것일까. 향수는 짧은 순간 매력을 느끼지만 그 향과 함께 인연이 끊임없이 이어질 수 있는지는 모르겠다.

향수나 지하철 냄새의 출원지는 '가난'이거나 '더럽다'이다. 정치인이나 고위층의 비리는 더 추악한 고린내가 난다. 부정한 방법과 거짓말로 권력을 쌓고 그 권력을 남용하여 사회질서를 무너뜨린다. 요즘 우리 사회를 떠들썩하게 하는 정치인의 비리 역시 추잡스러운 냄새를 풍긴다. 그 냄새에 향수를 뿌린다고 자신의 속 냄새를 지울 수는 없을 것이다.

'기생충'에서는 가난의 생활 속에서 배어나온 것을 계급의 선으로 구분했다. 감독에게 들어보지는 않았지만, 지하철 냄새를 없애기 위해 장대비를 장치했을 것이라고 나는 그렇게 읽혔다. 장대비가 내리고 폭우가 쏟아진다고 그 냄새는 지워지지 않았다. 그 비는 더욱 심한 냄새를 유발했다. 가난의 냄새에서 자유를 찾으려고 했으나 그 수치는 죽음을 부르고 만다.

가난의 땀 냄새는 씻으면 없어지겠지만, 묘하게 숨기고 향수를 뿌려도 권력층의 비리로 빚어내는 냄새는, 경계의 선을 벗어나지는 못할 것이다.

악취는 타인에게 불쾌감을 느끼게 한다. 그렇다고 맡고 싶은 냄새만 맡고 살 수는 없다. 냄새를 맡는다는 것은 인간의 본능인데 우울증이나 알츠하이머, 파킨슨병은 냄새를 맡지 못한다고 한다. 타인의 냄새를 존중할 수 있는 자세를 갖추어 보는 것도 바람직할 것이다.

자신의 고린내를 없애보려고 타인이 만들어 놓은 향기에 자신의 냄새로 위장하고 싶지 않다. 내 삶의 여정에서, 어떤 상황에서도 긍정적이고 범사에 감사하는 그리스도의 향기가 나는 사람이 되려고 나는 노력중이다. 책상에 앉아 글을 쓰는 모습이 내 향기라고 표현하면 믿으려나.

(2019)

지휘자의 춤

개그맨 김○○이 지휘하는 것을 보게 되었다. 그는 개그맨으로서 그다지 인기가 있는 편은 아니었다. 그런데 어느 날 '유쾌한 오케스트라'를 창단했다. 전문 음악인이 아닌 그는 곡을 통째로 외워서 자신만이 알아볼 수 있는 악보를 만들어서 완벽한 지휘를 한다. 고교 시절부터 클래식에 관심을 갖고 좋아했다는 그는 클래식을 어렵지 않게 해설하며 웃음을 주고, 관중들과 하나가 되어 대중화하기 위한 노력을 하고 있다.

그의 지휘는 여러 가지 퍼포먼스를 보여주고 있다. 그가 열정적인 몸짓으로 지휘를 할 때면 마치 현란한 춤을 보는 것 같다. 때로는 진지하고 때로는 유쾌, 통쾌, 상쾌하다. 연주자의 악기는 그의 현란한 손짓에 따라 움직인다. 자유로운 몸짓언어인 그의 지휘 춤은 어렵고 딱딱한 클래식을 청중에게 친숙하게 하는 매력이 있다.

지난해에 문인들이 합창단을 창립하여 창단공연을 했다. 음악 전공자도 아니고 나이 또한 지긋한 문인들이 모인 합창단이었다. 그날의 지휘자도 혼신의 힘을 다하여 지휘 춤을 추었다. 자존감이 높은 문인들을 한 음으로 묶어주기 위해 지휘자는 온몸을 이용하고 있었다. 손짓, 발짓, 표정, 엉덩이춤까지 추면서 땀을 뚝뚝 흘린다. 관객들까지 노래하고 싶은 충동을 일게 했다. 그렇듯 지휘자의 춤사위는 청중들을 음악에 몰입하게 만든다.

얼마 전이었다. 아들이 음악회 티켓 두 장을 주면서 아버지 어머니 꼭 다녀오라고 당부했다. '루드빅 몰로'의 지휘로 '베를리오즈의 환상 교향곡'을 서울 시향이 연주하는 티켓이었다.

나는 기쁘면서도 은근히 걱정이 되었다. 남편은 클래식을 그다지 좋아하지 않는다. 어떨 때는 클래식을 들으면서 코까지 골며 고개를 숙이고 잔다. 그래도 남편을 설득하여 음악회에 갔다. 우리 자리는 앞에서 두 번째였다. 내게는 연주자들과 교감할 수 있는 좋은 자리였다.

나는 설렘과 걱정으로 연주를 감상하기 시작했다. 베를리오즈가 첫사랑의 아픔을 소재로 작곡한 「환상 교향곡」은 곡명 그대로 환상적이었다. 다채로운 관현악 악기와 두 현 이상의 음을 동시에 내는 주법인 더블 스토핑, 현을 손가락으로 뜯어 음을 내는 피치카토, 약음기를 사용하여 현악기 소리의 크기와 울림을 줄여주는 장치 등등 다양한 방법이 동원되어 듣는 맛이 상상 이상이었다.

이 곡은 '어느 예술가의 삶'이라는 2부작으로 구성되어 실연의 아픔을 연주한다. 주인공인 예술가는 아편을 먹고 자살을 시도하지만 죽지 않고 혼수상태에서 꿈을 꾸는 스토리다.

4악장은 꿈속에서 사랑하는 여인을 죽이고 형을 선고 받는 장면이다. 팀파니의 연타가 점점 고조되며 첼로와 베이스가 단두대로 오르는 무거운 발걸음을 묘사한다. 갑자기 들려오는 군중의 고함소리는 팀파니와 심벌이 강하게 제시되며 처형되는 과정을 묘사한다.

5악장은 해괴하고 묘한 분위기다. 예술가의 장례식에서 어둠과 마법사와 괴물들 그리고 마녀들이 축제를 벌이는 모습이 펼쳐진다. 악기는 닭의 울음소리처럼 빠르고 느리게 변화한다. 베를리오즈는 오케스트라의 악마적 효과로 이상한 음향 신음소리, 웃음과 폭발을 묘사하고 디에스 이레(라틴어로 분노의 날이라는 뜻)의 선율을 인용했다.

연주 도중 남편을 힐끔 쳐다보았다. 진지한 모습이다. 지휘자의 지휘 춤에 녹아 들어가고 있었다. 지휘자의 표정과 몸짓 하나하나 놓치지 않고 응시한다. 남편은 지휘자의 몸짓에 눈을 떼지 못하더니 졸지도 않고 끝까지 듣고 오감을 만족해했다. 가지 않던 길도 가보면 새로운 인연이 되는 것 같다. 나는 이 곡을 미리 들어보고 어떤 악기가 나오는지 검색했다. 그러나 실제로 지휘자의 춤을 보며 연주를 듣는 것은 행복 그 자체였다. 황홀했다.

연주는 끊어질 듯 이어지고 다시 북을 치는 연주자의 손은 빠르게 움직인다. 지휘자는 연주자와 메시지를 주고받는다. 그 몸짓과 손짓 표정 하나 놓칠 수 없었다. 남편도 흥미를 느끼는 것 같았다. 이번을 계기로 남편과 음악회를 자주 오면 좋겠다는 생각을 했다.

'메라비언의 법칙'을 발표한 미국의 사회심리학자 앨버트 메라비언은 비언어적 소통이 중요하다고 강조했다. 메시지 전달에 있어 우리가 사용하는 말은 아주 작은 부분을 감당한다고 했다. 언어적인 부분은 단 7%에 불과하고 비언어적 부분인 시각이 55% 청각이 38% 차지한다고 했다.

곡을 연주할 때 지휘자는 팔과 손, 표정 등 온몸을 사용하여 관객에게 곡을 전달한다. 비언어적 표현인 지휘 춤에 따라 곡의 수준과 품위가 달라질 수 있고, 관객은 집중하면서 감상할 수 있을 것이다.

클래식을 싫어하던 남편이 온몸으로 지휘하는 동작을 통해 생명의 기운을 받았다. 아들이 건네준 티켓 두 장이 징검다리가 되어 우리 부부는 서로의 가치가 다르지만 문화적 충돌과 갈등을 이해하려고 한다. 그것이 익숙하게 되면 아름다운 삶을 공유하게 되고 나중에 할 말이 더 많이 생길 것을 기대한다.

(2020 문학시대 수필가회)

둘째의 존재감

딸이 셋째를 낳고 나서 둘째는 자신의 존재감을 확실히 드러낸다. 둘째로 태어나서 관심이 부족한가. 부족한 사랑을 차지하고 싶어서인가.

질투심과 경쟁심이 대단하다. 엄마가 동생을 안고 있으면 내리고 자기를 안아달라고 막무가내 떼를 쓴다. 누나가 무얼 하고 있으면 쫓아다니며 참견하고 물건을 빼앗으며 누나를 때린다.

순식간에 사건 사고가 벌어진다. 뛰어가다 엎어져서 머리와 얼굴에 혹과 멍이 가실 날이 없다. 장난감 가지고 놀다 자기가 집어 던진 장난감에 걸려 넘어져 한바탕 울고 얼굴엔 심술보가 가득하다.

얼마 전에는 목욕탕에서 손 씻고 나오다 미끄러졌다. 뒤통수가 모서리에 부딪히면서 피가 철철 흘렀다. 자세히 보니 상처가 깊이 나서 급히 응급실로 갔다. 벌어진 상처 부위를 호치키스로 찝고 집으로 돌아온 아이를 보니 가여워 꼭 안아 주었다.

그 상처가 아물자 이번에는 거실에서 아이들이 타는 말을 타다 앞으로 꼬꾸라졌다. 탁자에 얼굴이 세게 부딪히면서 상처가 심하게 났다. 또 응급실에 가서 얼굴을 네 바늘이나 꿰매고 왔다. 병원에서 돌아온 아이는 해맑게 웃으며 나에게 달려와 안겼다.

꿰맨 곳에 실밥을 빼고 며칠 후 또 타일에 부딪혀서 턱이 찢어졌다. 의사 선생님은 이번 상처는 깊이가 꿰맬 정도는 아니어서 의료용 본드로 붙이고 왔다. 딸은 아이 얼굴을 쳐다보기가 미안하다면서 통곡하며 울고 자신의 잘못이라면서 자책을 하고 있었다. 나는 그 아이가 큰 인물이 되려고 비하인드 스토리를 만드는 것이라며 딸을 달랬다.

드라마 '응답하라 1988'에서 둘째인 덕선이가 생각났다.

"왜 나만 계란프라이 안주고 콩자반 주냐, 나도 콩자반 싫어해. 통닭도 나 먹으라고 준건데 닭다리도 언니와 동생한테만 주고 나만 날개 주냐. 나도 닭다리 먹을 수 있다."

눈물을 펑펑 흘리며 연기를 했다. 중간에서 첫째와 막내 사이에서 치이는 둘째의 설움이 조금은 이해가 갔다.

부모는 언니와 동생에게 양보만 하라고 한다. 자신이 원하지 않을 때 양보하기 싫어도 서럽지만 눈치 빠르게 행동한다. 둘째는 복합적이다. 언니의 입장이라서 혼나고 동생의 입장이라서 혼난다. 그래서 둘째들은 철이 금방 든다고 한다.

'알프레드 애들러'는 '맏이는 대체적으로 부모에 순종적이고 보수적인데 비해, 중간 형제들은 독립적이며, 막내는 외향적'이라고 주장했다. 신문에서 본 기사에서, 최근 연구결과에 따르면 성별에 따라 다르기는 하지만, 보수적인 성향을 가진 지도자들은 대체로 첫째로 태어난 경우가 많은 반면, 반항적이거나 혁명을 주도하는 지도자들은 둘째로 태어난 확률이 높은 것으로 나타났다. 연구팀은 첫째 아이는 보수적인 성향을 짙게 띠는 반면 둘째 아이는 반항적인 성격이 더 많은 것으로 밝혀졌다.

이에 대한 출생 순서와 성격은 연결 고리가 없다는 조사도 나와 있지만, 내가 본 둘째들은 대부분 질투가 심하고 반항적이었다. 나는 남동생이 셋이 있는데 첫째는 보수적이고 내성적이다. 둘째는 불만이 많았고, 실수도 잦아서 혼도 많이 났다. 사랑을 받으려는 욕구가 많아서인지 반항을 많이 해서 질타를 받곤 했다.

내 친구 K는 둘째였다. K의 언니는 온갖 심부름을 시키고 항상 언니 입던 옷만 입고 다니며 동생이 잘못한 것을 꾸짖으면 어른들은 자기만 혼낸다고 불만이 가득했던 기억이 난다. 지금은 혼자된 언니를 걱정하고, 사업실패로 어려워진 동생을 위로하며 둘째의 역할을 잘하고 있다.

딸은 세 아이의 엄마라서 힘은 들겠지만, 아이들의 특성을 잘 이해하고 마음을 잘 읽어 줄 것이라 믿는다. 아이들 마음에 상처 입지 않게 고루 사랑을 주어서 건강한 어른이 되었으면 하는 마음이다.

아이 곁에는 의지할 수 있는 부모가 있고, 할아버지 할머니가 있다. 그 위에 하느님이 지켜본다. 오늘도 9시에 가족이 모여 기도를 드린다.

(2020)

찢어진 치마

나는 평소에 꿈을 잘 꾸지 않는다. 돌아가신 부모님이 꿈속에서라도 보고 싶어도 만나지지 않는다.

프로이드는 꿈이 '금지된 욕구를 감추거나 위장하기 위한 것이 아니라, 평소에 주목 받지 못한 영역에 주의를 기울이기 위한 것'이라고 한다. 칼융은 꿈이란 잘 드러나지 않는 그 사람의 성격을 일깨워 균형을 유지해 주는 것이라고 했다.

현실의 만남 욕구가 꿈으로 표현해서, 그 욕구를 비우는 것이기도 하다. 내가 아는 분은 꿈이 예지몽이 되어 진정한 자아를 찾아가는 도구가 되기도 하고, 안내자가 되기도 한다고 한다. 나는 현실에서는 만날 수 없는 부모님이 꿈에 나타나, 보고 싶은 욕구가 비워지기를 바란다.

그런데 얼마 전에 꿈을 꾸었다. 잠에서 깨어서 내 몸을 살펴보았다. 그리고 침대 밑에 있는 반려견인 뭉실이를 내려다보았다. 뭉실이는 곤히 잠들어 있었다. 나와 뭉실이 모두 아무 이상이 없었다. 다행이다.

길을 가고 있었다. 어디서 나타났는지 갑자기 큰 개가 나에게 덤벼들었다. 순식간에 일어난 일이었다. 덤벼 든 개를 어찌할 수가 없이 비명을 지르며 도망치려 했지만 몸은 움직여지지 않았다. 다행히 몸은 멀쩡한데 내 치마를 찢어서 물고 개는 어디론가 사라졌다.

나는 찢어진 치마를 어찌할 바 모르고 있다가, 집으로 전화를 해서 옷을 가져오라고 했다. 한참 기다리니 뜻밖의 인물이 나타났다. 친정아버지가 내 옷을 가져 온 것이다. 어머니는 치마를 찢고, 아버지는 구세주로 나타났다. 나는 '아버지' 하고 쳐다만 보고 있었다. 꿈에 부모님을 처음 보았다. 아버지는 담담한 얼굴로 옷을 건네주며 천천히 사라졌다.

아버지하고 담소를 나누며 좀 더 오랫동안 있고 싶었는데, 아쉬움을 뒤로하고 아버지는 떠나갔다. 나는 아버지가 가져다준 치마를 입고 하염없이 울고 있었다.

지난해에는 기관지염이 심해서 5개월 동안 병원을 다니며 검사하고, 약 먹기를 반복했다. 심한 기침과 천식으로 호흡곤란까지 오는 생활이었다. 독한 약을 먹고 위장이 아파오는 고통도 느꼈다.

꿈속에 개는 '어머니가 아닐까'라는 생각이 들었다. 부모님을 꿈속에서라도 보고 싶어 염원했는데 보드랍고 다정한 어머니가 아니라 무섭고 나를 해치려는 개의 형상으로 나타난 것일까. 그러나 꿈속에서 개는 치마만 찢었으니, 내 몸이 상하지 않아 다행이었다.

꿈을 꾼 이후 서서히 몸에 이상증상이 나타나지 않고 편안하게 지낼 수 있었다. 천식과 면역력이 약화된 증상은 몸으로 이관해서 내 영혼이 상처가 난 자리였다. 기억 속에 계모로 남아있는 어머니와 화해가 일어나도록 묵주를 돌리며 기도를 반복하여 마음을 해결해야 상처가 아물 것 같았다.

나는 운동을 좋아한다. 운동을 하거나, 경기를 관람하는 것을 다 좋아한다. 학창 시절에는 선수 정도는 아니어도, 모든 종목의 경기를 즐겼다. 결혼을 해서도 아침 6시에 운동을 하고 출근을 했다. 그랬던 내가 3년 전, 다리를 다치고 난 후부터 운동을 게을리했다. 그 결과 균형 있는 생활 리듬이 깨지더니 내 몸에 숨어있던 기관지 천식이 스멀스멀 나타나기 시작했다.

나는 아버지의 총애를 받고 자랐다. 언니와 남동생 셋, 여동생이 있었는데 언니는 내가 태어나기 전에 하늘나라로 갔고, 여동생은 15살 되던 해에 언니 곁으로 갔다. 그래서 아버지는 유독 나를 사랑하였다. 그래서인지 허기지고, 한계에 부딪칠 때면, 영적 양식을 아버지에게 찾으려 한다.

주일 날, 교중미사 때 봉사할 거리가 있다. 신부님의 강론을 영상 녹화하여 편집하고 유튜브에 업로드해서 홈페이지에 공유하는 작업을 하게 되었다.

이 일은 미사를 드려야 하는 시간을 할애하면 되고, 문화홍보분과 소속이기 때문에 가능하다는 판단이 되었다. 또 취미로 사진을 찍고, 모바일 다루기에 능숙하여 하느님이 주신 소명이라는 생각이 들었다.

춘천교구의 공소를 성당으로 건축한다고 인도에서 오신 신부님이 우리 성당에 모금을 하러 와서 미사집전을 했던 날이었다. 나와 동료는 3층 영상녹화실에서 작업을 하고 있었다. 주임신부님이 미사 도중에 우리를 보러 와서 흡족해 하였다. 아직은 실습 중이라서 이 작업을 익히려고 교중미사를 처음부터 끝까지 녹화하고 있었다. 신부님은 날짜를 잡아 구체적으로 의논하자고 했다.

아무래도 아버지처럼 남성적인 사람과의 관계에 익숙해서 그런지 신부님과 일을 하면 어려움이 적다. 그날도 영상 녹화를 하고 있는 모습을 신부님이 만족해 하니 아버지에게서처럼 편안한 느낌이 들었다.

꿈에 아버지는 내 몸을 보호하는 옷을 가져다주었다. 아버지는 천주교 신자는 아니었다. 하지만 할아버지가 독립운동을 하며 천주교 신자였다는 것을 알려주었다. 나는 아버지의 유지에 따라 천주교 신자가 되는 것은 어려움이 없었다.

그날 신부님과의 만남은, 꿈속에 아버지가 신부님이 되어 내 삶의 길잡이 역할을 한 것이라는 생각이 들었던 것 같다. 지도자는 아버지와 맥이 같은 것 같다.

아버지와의 관계처럼 부성이 암묵적으로 비중이 더 컸던 것 같다. 이보다 더 중요한 것은 치마를 찢고 달아난 개로 상징되는 어머니와의 화해가 급선무일 것 같다.

(2019 문학시대 수필가회)

녹색 금

연상 작용을 통한 글씨기의 작업을 시도해 본다. 선생님의 안내에 따라 제시어를 듣고 그 단어가 연상되는 것을 즉석에서 쓰며 저마다 다르게 창작되어가는 과정을 즉석 체험하는 날이다.

제시어는 '녹색 금'이다. 똑같은 제시어이지만 회원들은 각자 다르게 연상하여 나누어 보았다.

나는 단어의 조합에서 생소한 느낌을 받았다. 첫 번째 떠오르는 것이 봄이 시작하는 시기이니 녹색은 파릇파릇 올라오는 새싹으로 연상되었다. 이어 누런 황금벌판을 생각했다. 또 하나는 얼토당치도 않은 호박죽이라고 생각했다. 금에서 색깔로 이어지며 호박죽이 생각났다.

대부분의 회원들은 녹색을 새싹으로 연상을 했다. 계절이 주는 영향이 큰 작용을 한 것일까. 금은 '고귀하다' '햇빛이다' '노랗다'

'인생이다' '호박죽이다'로 연상되어졌다.

어릴 적 콩나물 사러 심부름을 다니던 회원은 콩나물시루라고 표현했다. 녹색은 자연친화적이면서 상품으로 이어지면 경제적 가치로 이어져서 금으로 연상한 사람도 있다.

그런가 하면 여름의 자연을 녹색으로 가을을 금색으로 연상하여 인생으로 묘사했다. 녹차 밭에 햇빛이 비추면 돈하고 연결되고, 뜬금없이 울금의 색깔을 연상하기도 했다.

수업은 점점 옆길로 새기 시작했다. 시골에 살다 서울로 올라온 회원은 산 오징어, 산 오리의 간판을 보고 서울사람은 특별한 오징어나 오리가 산에서 나오는 것일까도 생각했다고 한다. 그런가 하면 단순하게 녹색 금도 있는가 보다고 생각한 사람도 있다.

한 가지 제시어가 주어졌지만 각기 다른 연상으로 하고 다른 표현을 하고 있다. 물질로, 인생으로, 가치로 인정하고, 콩나물시루, 햇살로 녹차 밭으로 단순하게 녹색 금으로 연상도 다양하다.

신문기사 내용으로 보면 멕시코의 아보카도가 전세계적 먹거리로 등극하면서 돈이 된다고 해서 결국은 멕시코 농장의 노동자는 피의 농장이 되었다는 기사이다. 아보카도가 멕시코에서는 녹색 금으로 통한다. 녹색의 생명력과 자본주의 사회의 동력인 금이 아보카도에 엮이어서 희망의 먹거리가 불행으로 이어지고 있어서 일부 노동자들에게 양질의 삶을 누리도록 하기 위해 문제를 삼는 기사였다.

아보카도의 주 생산지는 멕시코이다. 아보카도의 효능은 성인병 예방 치료에 도움을 준다. 영양 밀도가 높아서 큰 인기가 있고 수익성이 좋다. 아보카도를 재배하기 위해 산을 갈아 뭉개고, 숲이 유실되는 사태가 되어 환경파괴의 원인이 되기도 하다.

또한 아보카도는 1개 키우는데 320L의 엄청난 물의 양이 필요하다. 다른 식물과 동물에게 피해가 되고, 그 지역의 주민들의 식수원을 막고 있다. 그리고 멕시코 깽단의 압력으로 실질적인 농민들에게는 수익 보장이 잘 되지 않고 있다.

아보카도가 '녹색 금'이라는데 고개를 끄덕이지 않을 수가 없다. 황금만능 시대에 생산물이 금만 될 수 있다면 물불 가리지 않고 지나치게 개발하는데 문제의 초점이 맞추어지고 있는 현실이다. 그러한 가치를 인정하는 데는 노동의 대가를 치르도록 해야 하며 피의 전쟁, 착취, 자연과 환경이 파괴되고 있어서 세계를 병들게 하고 싶지 않은 나라에서는 식당에서 아보카드 사용을 금지하는 현상으로도 나타난다.

우리나라에서는 아보카도가 '슈퍼 푸드'라고 해서 수입량이 늘어나 아보카도 비빔밥, 아보카도 주스, 아보카도 샐러드, 아보카도 햄버거 등 여러 가지 요리를 만날 수 있다. 다른 과일과 달리 새콤달콤한 맛은 없다. 담백하지만 느끼하며 약간의 버터 맛이 난다. 그러나 영양이 많고 성인병 예방과 다이어트에 좋은 음식이라 선전하니 먹어 보고 싶은 호기심까지 인다. 현지 노동자들의 어려움을 개선하는 데는 무엇인가 잃어야만 가능할 전망이다. 농민과 소비자가 고루 잘 살도록 제도가 개선되지 않으면 우리 식탁에 올라와도 녹색 금이라는 단어가 연상되어 맛이 줄어들 것만 같다. 아마도 과일코너에서 머무는 시간이 생길 것도 같고 신토불이로 고집할 것도 같다.

농사짓는 사람이 웃어야 살맛나는 세상이 될 것이나 세계 식재료 시장에서 살아남기란 소비자가 돕지 않으면 어려울 전망이다. 초록마음으로 농사를 짓고 농민의 마음이 금단지가 된다면 아마도 지구촌은 살만 하다는 노래가 나올 법도 하다.

(2019)

카메라 속의 세상

나는 사진 찍기를 좋아한다.

우연히 선물 받은 캠코더가 나를 매료시켰다. 그 캠코더는 나의 분신이 되어 어디든 가지고 다녔다. 동네 아낙네를 모델로 뮤직 비디오를 만들어 선사하면 웃음꽃이 활짝 피곤했다.

나는 아이들의 하루 일과를 비롯해 커가는 모습을 캠코더로 찍고 편집하여 비디오테이프로 만들었다. 그 비디오테이프를 닳도록 보았던 기억이 난다. 지인들의 행사 때도 어김없이 캠코더를 들고 다녔다. 밤새워 편집하여 비디오테이프에 담아 선물했다. 테이프를 받고 행복해 하며 그날 보지 못했던 감동을 아름답게 기록해 주어서 고맙다는 인사를 받는 즐거움도 싫지 않았다. 무언가 대단한 일을 한 느낌이었다.

그 당시는 아날로그로 방식의 테이프였다. 그것은 시간이 지날수록 화질이 손상되고 테이프도 늘어져 갔다. 요즘은 디지털 카메라로 찍어 USB에 담으면 소중한 추억이 영구 보존되어 좋은 세상이 되었다.

뉴질랜드 친구 집에 갔을 때였다. 그때는 필름카메라로 사진을 찍었다. 필름을 충분히 준비를 하고 멋진 추억을 남겨 오랫동안 간직하리라 생각했다. 그런데 이게 웬일인가. 한통을 찍고 필름을 갈아야 하는데 도무지 필름을 꺼낼 수가 없었다. 카메라를 구입하고 지식을 갖추지 못해서 한 장의 사진도 건지지 못했다. 우울했는데 친구의 아들이 여행 기념사진을 찍고, 그것을 CD에 담아주어서 그나마 다행이었다.

그때 선물로 받은 캠코더가 인연이 되어 내가 다니고 있는 성당의 사진 동호회에 가입하였다. 디지털 카메라를 구입했다. 아름다운 풍경을 만나기 위해, 겨울에는 온몸을 감싸고 일출과 일몰을 기다렸다. 야경을 찍을 때는 카메라를 장시간 노출시켜 많은 시간을 기다려도 마음에 드는 사진이 나오지 않을 때가 대부분이다.

사진 찍을 곳이 있으면 무거운 장비도 마다하지 않고 시간 가는 줄 모르고 여기 저기 돌아다녔다. 출사 후에 품평을 하고 전시회를 할 때까지 많은 노력이 필요하다. 그 노력에 비해 초라해질 때가 종종 있었다.

사진동호회에서 사진을 찍다보니 자연스럽게 성당 행사에 참여할 기회가 주어졌다. 행사사진은 예술사진과 차이점이 많았다. 행사사진은 자연스러움과 스토리텔링이 필요하다. 행사의 결정적 순간을 포착해서 예술적으로 담아 행사 분위기를 살려야 느낌 있는 사진이 나올 수 있다.

처음에는 예술사진을 찍고 싶었다. 멋지고 특별나게 찍으려고 했다. 그러나 성당에서 행사사진을 접하면서 카메라 속의 다른 세상을 보았다. 사진에 생각을 입히고 감정을 넣어 감성적인 사진을 찍고 싶어졌다.

현장에서 느끼는 감정을 사진에 담는다. 사진 찍히는 사람들에게 최대한 자연스러움을 요구한다. 그날이 자연스럽게 스토리텔링이 된다. 동영상을 제작한다. 그것은 기록에 남는다.

지난 일요일에 청담동 성당에서는 단체 박람회가 있었다. 주일에 미사만 보는 사람들에게 각종 단체나 동호회를 홍보하여 회원 가입을 시키고, 신앙생활과 문화생활을 연결해주는 통로를 마련하는 자리였다.

각 팀은 홍보를 하기 위해 갖가지 아이디어가 등장했다. 사진을 이용하여 팀을 홍보하거나, 판촉물을 이용하기도 하고, 영상을 보여주는 팀이 있었다. 악기나 노래, 춤 동호회는 그 자리에서 노래와 연주, 춤 등을 추었다. 그 모습이 아름답고 재미있었다. 나는 그 모습을 기록에 남기기 위해 카메라를 들고 동분서주 뛰어다녔다.

여행을 갈 때나 행사장에서 나는 어김없이 카메라를 들고 다닌다. 어떤 사람은 사진을 찍는 내 행동이 더 재미있다고 한다. 좀 더 다른 사진을 찍고 싶은 욕망에 엎드리거나, 누워서, 쪼그리고 앉아서, 각종 포즈를 취한다. 나의 이런 몸짓에 지인들은 다칠까 걱정을 하며 그 모습을 찍어준다. 어느 날은 넓은 각도로 사진을 찍으려고 점점 뒤로 가다 계단 뒤로 넘어져 다치기도 하였다.

또 한 번은 산에 올라가 바위에서 아름다운 풍경을 찍다가 떨어질 뻔한 아찔한 순간도 있었다. 그래도 나는 카메라가 망가질까 마음 졸이며 카메라를 먼저 챙기고 있었다.

카메라는 나의 동반자이다. 카메라 렌즈를 통해 보는 세상은, 글을 쓸 때와 마찬가지로 진실해야 하고 탐색하는 자세를 지녀야 한다. 어떤 사물을 볼 때 다르게 생각하거나, 다르게 표현하는 습관이 생긴다.

새로운 것들을 자세히 보거나 잘 보는 훈련이 필요하다. 단순하지만 재미있는 것, 또는 틀을 벗어나 자유롭고 독특한 사진을 찍고 싶다. 다시 말하면 내 개성이 살아 숨 쉬는 사진을 얻고 싶다.

인물은 자연스럽고 아름다운 순간을 잘 포착하여 재빨리 찍으면, 별 것도 아닌 것이 특별나게 보이는 경우가 있다. 나를 아는 지인은 사진기를 들이대면 자동적으로 몸을 꼬기 시작한다. 나는 의식적으로 셔터를 누른다. 그러고는 한바탕 웃는다.

나는 사각의 프레임 속에 들어오는 소중한 추억을 영원히 남기는 매력을 떨쳐 버릴 수 없어 오늘도 카메라를 들고 나선다.

(2019)

해바라기

화실 앞마당에 피어있는 해바라기는 해를 등지고 있다. 궁금하여 그 이유를 찾아봤다.

해바라기는 꽃이 피기 전에 영양분을 많이 받기 위해 태양을 향해 있고, 꽃이 피고 줄기가 굳어진 후에는 태양에 반응하는 것은 아니다. 해를 바라봐서 해바라기인 줄 알았는데, 해바라기는 해를 등지고 있고 해는 해바라기를 열렬히 바라보고 있다. 그 꽃을 보고 있던 선생님이 해 등지기라고 이름을 개명했다.

해바라기는 '태양의 꽃' '황금의 꽃'이라 한다. 페루의 국화이고. 미국 캔디스주 주화이기도 하다. 꽃말은 '숭배' '기다림'이다.

슬픈 전설이 있다. 그리스 신화에 '크리티'라는 물의 요정은 하늘의 아폴론에게 반해 하늘을 쳐다보며 대화를 시도한다. 그러나 구름성은 하늘에 닿지 않았다. 일주일 넘게 한곳에 서서 아폴론만 간절히 사모하던 크리티는 앙상하게 말라버렸다. 목소리는 쉬었고 다리는 뿌리로 변해 땅속에 박혔다. 몸은 녹색줄기가 되었고 얼굴은 커다란 꽃으로 변했다. 그 꽃이 해바라기이다.

수필반에서 가장 행복했던 기억을 그려보는 시간이 있었다. 그림은 반드시 명상을 거친 후 그리기 때문에 어떤 사람은 기억의 사실을 그려내고 어떤 사람은 느낌을 은유로 그려낸다. 나는 아들이 대학에 입학했을 때가 행복했던 기억으로 떠올랐다. 먼저 합격이란 단어를 쓰고 아들을 해바라기로 그렸다. 그림을 보며 왜 해바라기일까를 생각하였다. 내 마음 속의 아들은 해바라기인데 그 해바라기는 나의 마음을 이해할까?

아들은 대학교 입시를 치르고 합격여부를 기다렸다. 응시한 학교 예비 합격자로 발표되었다. 아들은 재수를 하겠다고 했으나, 나는 아들을 강제로 중국으로 유학을 보냈다. 그 당시 중국 유학은 흔하지 않았다. 평소 집 떠나기 싫다고 수학여행도 가지 않던 아이는 눈물을 보이며 공항을 빠져 나갔다. 쓸쓸한 뒷모습을 보는 나는 갈등했다.

1년간 랭귀지 코스를 거쳐 북경대학 시험을 봤다. 장이 튼튼하지 못한 아이는 시험을 보는 날도 어김없이 장과 씨름하다 시험지를 미처 마무리하지 못하고 시험장 밖으로 나왔다고 했다. 부모의 도움도 받지 못하고, 혼자서 적응하느라 얼마나 긴장하며 애태웠을까.

시험을 망쳤다며 한 달 동안 행방불명이 되어 연락이 되지 않았다.

친구들도 어디에 있는지 모른다고 했다. 중국으로 가도 알 길이 없어 속수무책 소식 오기만 기다리는 시간이 너무나도 길고 답답했다. 아들이 힘들고 괴로운 고통의 터널을 벗어나기를 기도했다.

한 달이 지나갈 무렵 아들에게서 전화가 왔다.

"엄마 나 북경대학에 합격했어요."

아들의 목소리를 듣는 순간, 근심거리가 싹 날아가며 온몸에 힘이 빠져 그 자리에 주저앉고 말았다.

"이 또한 지나가리라."

성경 구절을 가슴에 담아 인내하고 기다린 끝에 희망의 메시지를 받았다. 그보다도 아들이 무사한 것에 고마웠다. 아들은 종종 말했다.

"내가 성당에 나가는 것은 엄마가 영세와 견진세례를 받으라고 해서 받은 거지 내 자신의 의지는 없었어요."

말은 그렇게 했지만 유학 시절 성당을 찾아다니며, 미사 드리고 그 성당에서 김치를 가져다 먹으며 신앙생활을 했었다. 신심이 있어 장교로 군 생활할 때도 특별한 경우를 제외하고 미사를 거르지 않았다. 손에는 묵주 팔찌를 차고 묵주 기도를 생활화 했다.

결혼해서 본당 보좌 신부님들과 극진히 친하게 지내고 있다. 내가 특별한 음식을 하거나 신부님이 여행을 다녀오면, 신부님을 초대하여 신앙 대화와 약간의 반주를 곁들여 마시고 화기애애한 분위기가 된다.

지금은 손자들도 성당 주일학교에 다니며 성가정이 되어 간다. 어린 나이에 부모와 떨어져 혼자 힘으로 북경대학 법학과에 합격하고, 4년 만에 졸업하여 대기업에 다니는 아들이 자랑스럽다.

모든 어머니는 아들바라기, 해바라기라는 것을 탈피하기 위해서 나는 글밭에서 나를 바라보며 자아실현에 이르도록 노력한다. 또한 그림을 그리고 나 자신의 완성을 기대하며 60대를 지나가고 있다.

합격의 행복을 가져다준 아들을 위해 해바라기를 20호 캔버스에 그렸다.

(2019 문학시대)

아직도 가야할 길

아들이 들어오는 것도 모르고 책을 읽고 있었다. 무슨 책을 읽기에 누가 오는 것도 모르냐고 아들이 궁금해 했다. 나는 M 스캇 펙의 『아직도 가야할 길』을 읽고 있었다. 나는 아직도 가야할 길이 많이 남아 있다는 이야기를 해주며 이 책을 교과서라고 생각하고 아이들 양육에도 많은 도움이 되니 읽어보라고 했다.

이 책은 천천히 집중하면서 몇 번을 읽으면 마음의 양식을 얻을 수 있다. 인생을 살면서 한 번쯤은 꼭 읽어 볼만한 책이다. 영혼에 영양제를 주면서 심적 치료도 된다. 삶이 성장하기 위해서 훈련이 필요하고 살아가면서 고통을 이해하고 수용하면 삶의 해답을 얻을 수 있다. 시간을 효율적으로 배분하는 버릇은 어려서부터 부모의 양육에서 중요한 역할이며 그것은 사랑이라고 작가는 말하고 있다.

친구 J는 나에게 머리 좋은 아들을 효율적으로 양육하라는 말을 했다. J는 자신의 아들을 특목고와 KAIST에 입학시키는데 헌신적이었다. 물론 그녀의 아들이 엄마의 열성적인 교육관을 잘 따라주어서 우리나라의 최연소 대학 교수가 되었고, 다국적기업에서 이상의 날개를 펼치고 있다. 그러나 나는 부럽다는 생각을 하지 않았다. 이런저런 경험을 해보고 자신이 시간을 분배하는 것도 나쁘지 않다고 생각했다.

사랑의 정의는 타인을 사랑하고 자기 자신을 확대시키는 의지가 있어야 영적 성장을 할 수 있다. 자녀들을 훈육하기 위해서 시간이 필요하다. 시간을 적절하게 투자하여 자신을 소중하게 느낄 수 있도록 칭찬과 관심을 준다. 그 느낌은 자기 자신을 스스로 절제하고 자신을 사랑하게 된다. 내 자녀들 양육할 때 이 책을 읽고 실천하였으면 지금의 모습과 달라져 있을까?

단순히 신을 섬기고 예배를 하는 것이 종교가 아니라 누구나 삶에 대한 이해(세계관)를 종교라고 한다. 그중에 가장 중요한 부분은 문화와 가족이다. 부모의 성격이 하느님에 대한 성격에 투사된다. 과학은 종교로서 긍정적인 역할을 한다.

내가 살아가면서 제일 잘한 일은 하느님을 알게 된 것이다. 믿음생활을 하지 않았다면 힘들고 어려운 일에 흥분하고 좌절하여 고통의 삶을 살았을 것이다. 항상 하느님이 지켜주시고 인도해 주시는 길을 갈 수 있어서 행복하다.

삶 자체가 은총이다. 보이지 않은 힘이 있어서 그 힘이 최악의 환경에 처한 대다수 사람들의 정신 건강을 지키고 유지시킨다. 숨겨진 무의식은 꿈이다. 기적이란 일상적인 현상이라고 말한다. 이것이 은총이다. 은총은 우리의 영적 성숙을 도와준다.

나는 사람들에게 무의식으로 주님의 은총 가득 받는 하루 되세요 하고 말했다. 사실 은총이란 의미를 잘 알지 못했다. 살아 있다는 것이 은총이고 영적 선물이라는 것 그것은 기적이다. 우리가 태어난 것도 기적이고 은총인 것이다.

정신의 발전은 의식의 성장이다. 의식과 함께한 은총은 자신의 내부에서 찾아야 한다. 하느님의 가까운 자아가 될수록 성숙한다. 하느님의 사랑이 은총이다. 은총은 그냥 오는 것이다 선택은 하느님의 것이다. 인간은 성장을 멈추어서는 안 된다는 것이다. 게으름은 삶을 변화시키지 못 한다는 것이다.

아들이 책을 돌려주며 많은 사람들에게 전파했다고 하며 독후감을 써왔다. 그 내용을 소개한다.

근래에 읽은 책 중에 단연 최고였다. 내 인생에 영향을 줬던 스티븐 코비의 『성공하는 사람들의 7가지 습관』이나 앤드류 카네기의 『인간관계론』에 버금가는 책이다. 엄마의 추천으로 집에 있던 책을 받아서 읽었고, 읽는 동안 영적성장에 대한 가능성을 느꼈다.

저자는 미국의 정신과 의사이자 심리치료사이고, 78년에도 쓰여진 무려 40년이 넘은 책이다. 그의 치료 경험을 토대로 훈육, 사랑, 성장과 종교, 은총의 네 가지 섹션을 다뤘다. 훈육은 '문제해결의 고통을 건설적으로 취급하는 기술체계'라고 정의하고, '즐거움을 미루고 책임을 지고 진리와 현실에 헌신하고 균형을 잡는 것'이라고 한다. 그리고 자기 훈육, 또는 타인을 훈육하기 위해 사랑이 필요하다고 한다. 사랑은 '자기 자신이나 타인의 영적 성장을 도울 목적으로 자신을 확대시켜 나가려는 의지'라고 정의한다.

작가는 정신과 의사, 즉 과학자임에도 종교와 기적적인 부분이 개인의 성장에 절대적인 실마리가 된다고 한다. 이는 현대과학의 한계를 인정하는 대단히 용기 있는 자세이고, 과학의 종교화에 대한 경계를 취할 수 있게 해준다. 종교를 맹신하라는 의미도 아니고, 심리치료의 과정에서 종교를 갖게 하거나, 종교에게서 해방시키는 경험들이다. 사실은 종교의 뒤에 숨겨져 있는 부모의 영향력일 수 있다. 이 경험들을 공유하며 일률적이고 단편적인 종교관에 대해서는 부정적인 시각을 보여준다. 그리고 영적 성장을 위한 가장 중요한 부분은 은총이라고 하는데, 특히나 무의식에 대한 부분에 많은 기적이 숨어있고, 무의식을 어떤 의미에서는 하느님으로 볼 수도 있다고 한다. 영적 성장의 최종 목표는 나 자신을 하느님과 같이 만드는 것이라고 한다. 다르게 말하면 무의식과 의식을 합치시키는 것이다. 그런데 이것은 내가 노력한다고 되는 것이 아니다. 기적처럼 나타나는 것이고, 그런 과정은 은총을 입는 것이라고 밖에 설명할 수 없다. 비록 우리가 노력을 통해 기적을 이루어낼 수는 없어도 그것을 맞을 준비할 수 있는 사람이 되는 것이 이 책에서 지향하는 최종적 목표이다.

책을 읽으며 내가 사람을 싫어하는 것이 어쩌면 너무 편협한 시각에서 바라본 것이기 때문일 수 있다는 생각이 들었다. 모든 사건은 나를 성장시킬 수 있는 계기가 된다는 관점을 의식화 하여야 한다. 그러는 동안 나의 '개인 무의식'은 즉, 주님은 나에게 무언가 메시지를 만들어 주실 것이고, '집단 무의식'은 그 나쁜 놈들에게도 어떠한 영향을 줄 것이다. 결국 내 의지대로 되는 것은 없고, 계획이 다 이루어지는 것은 아니다. 하지만 나의 인생에 대한, 타인에 대한 의지와 계획을 세우는 과정에서 나의 의식이 자라나게 되고, 항상 무의식에 귀 기울이며 나를 바른 길에서 멀어지지 않도록 해야 한다. 그러다 보면 영적 성장의 기적에 도달할 수 있을 것이다. 이 책은 50권 보기 프로젝트가 끝나면 영어 원서를 사서 읽을 계획이다.

아들은 이 책을 마음으로 읽은 것 같다. 이 책은 몇 번을 곱씹어 읽어야 할 책이다. 인간이 목적한 곳을 도달할 수 있는 최고치는 정신과 영혼을 성숙의 길을 인도하는 것이다. 과학적으로 증명할 수 없는 정신의식 불가사의한 현상을 기적이라고 한다.

이 책은 삶의 방향성과 영적 성장에 도움이 되는 인생에 지표가 되는 책이다. 사막에 오아시스를 만난 것처럼.

어느 날, 약속이 있어서 외출을 하려는데 무엇인지 꼬여서 조금 늦게 출발을 하게 되었다. 그런데 차가 많이 막혔다. 웬일인가 봤더니 내가 달리던 차선 앞에서 약 2분쯤 전에 3중 충돌이 일어났다. 조금 늦게 나와서 화를 면한 것 같았다. 한번은 지방을 가는데 커피가 먹고 싶어서 휴게소에서 커피를 마시고 갔다. 그때도 앞에서 사고가 났다. 이러한 사건들이 기적이다. 은총을 받은 것이다. 매일 매일 일어나는 경우의 수를 알 수가 없다.

이 책을 두 번 읽었는데 읽을 때마다 밑줄 치는 부분이 달라진다. 나이, 환경에 따라서 생각은 변한다. 남편은 인생은 속도보다는 방향이라고 말한다. 이 책은 삶이 성장하는 방향과 건강한 정신을 기르는 방법을 제시하고 강력하지 않고 부드러우면서도 엄격한 언어로 쓰여졌다. 한 구절 한 구절 마음에 새기며 아직도 먼 길 위에서 삶의 영적 성장의 길을 떠나보련다. 이 책은 내 인생의 책이다.

『가문비나무의 노래』를 읽고

어떤 사람들은 우리가 이해하지 못하는 특성을 지니고, 우리가 이해하지 못하는 방식으로 살아갑니다. 하지만 서로 이해하지 못하는 뿌리와 잎처럼, 그들 역시 우리를 위해 존재합니다. 이것이 신비입니다.

노래하는 나무는 불리한 조건에서 자라며, 역경과 풍향 기후 등을 견디고 자라서 우리에게 울림이 있는 영원의 소리를 들려줍니다. 나는 귀찮고 힘든 일이 닥치면 그것을 제공한 이에게 원망하고 쓴소리를 하였습니다. 또한 나와 환경이 다른 것을 이해하지 못하고 뒷담화를 했습니다.

더불어 살아가는 것에 깨어있지 못하는 삶이었습니다. 나와 생각이 다름을 이해하고 배려하며 삶을 조율하여, 예수님이 이웃을 사랑하라고 하신 말을 실천하는 인간으로 거듭나겠다는 것을 느끼는 순간입니다.

(2018. 청담동성당 소중한 나눔)

나가사키의 노래 중에서

나가이는 묵주기도가 기도생활에 크나큰 도움이 된다는 것을 알게 되었다. 그는 그것을 '주머니 교회'라고 불렀으며, 강행군을 할 때나 소강상태가 찾아올 때도 묵주기도를 바쳤다. 특히 마음이 괴롭고 심란해서 '생각'도 할 수 없을 때 묵주기도가 도움이 되었다.

아들과 딸이 결혼하여 모이니 10명이 되었다. 지난해, 어린이날을 기념하여 용인 테마파크로 소풍을 갔다. 그곳에는 내가 다니고 있는 물향기 화실의 그림 전시회도 꽃과 함께 또 다른 꽃이 되어 야외에서 겸하고 있었다.

그날은 태풍의 영향으로 바람이 많이 불고 있었다. 전시한 작품의 액자가 하나 둘 넘어지며 깨지고 있었다. 그것을 본 손주가 비상사태를 선언하며 내 손에 있던 묵주를 잡아당겨 기도해야 한다고 외쳤다.

가끔 레지오 주회 때 데리고 다니며 기도하는 모습을 본 아이가 보아온 것을 그대로 실천하는 순간이었다.

지금 남편은 베트남에서 새로운 사업을 시작했다. 언어의 장벽과, 음식, 기후, 문화적 충돌이 있지만 두려워하지 않고, 묵주기도의 힘으로 한줄기 빛을 보게 될 것이라 확신한다.

나의 손에 든 묵주에 온기가 떨어지지 않는 한 걱정과 두려움은 우리 가족 곁으로 다가들지 못할 것이란 믿음이다.

(2018. 청담동성당 소중한 나눔)

성지순례의 의미

남편과 국내 성지 111곳 순례를 완주하면서 내가 다녀온 길은 과연 무엇일까를 생각해 봤다. 순교자들의 성스러운 발자취를 감히 따라가 보며 거룩한 곳을 찾았다. 순교 선조들께서 목숨을 바치면서 신앙을 지키려던 것은 누구를 위함인가. 삶과 죽음의 갈림길에서 오로지 주님을 믿고 따랐던 그들의 순교정신을 기도와 묵상을 하며 내가 할 수 있는 것은 '이웃을 사랑하라'는 예수님의 말씀으로 남는다.

남편이 권유해서 다녀온 성지순례길에서 예수님의 믿음을 지니고 살아간다는 것은 삶에 희망이 보인다. 순교자들의 피의 순교로 우리는 지금 신앙의 자유를 누리고 있다. 모든 것에 감사한다. 남편이 국내성지순례를 완주하고 소감을 썼다. 그 내용이다.

국내 111곳 성지순례를 마치면서

나는 선조 때부터 유교사상을 이어온 집안의 장손입니다. 결혼하고 아내가 천주교에서 세례를 받고 신앙생활을 하면서 자연스럽게 천주교를 접하게 되었습니다. 부친께서 선종하기 한 달 전에 대세를 받았습니다. 부친께서 담낭암으로 고통 속의 나날을 보내고 있을 때 아내가 대세를 권유하여 잘 받아들였습니다. 대세를 받고 심한 고통 없이 선종했습니다. 천주교 연령회의 봉사에 감동하여 우리 가족은 모두 천주교에 입교하여 세례를 받았습니다. 주님의 부르심에 순종하며 사목회 활동을 했고 아내는 성당사목회서 여러 봉사를 하고 있습니다. 이런 모습을 보면서 부모님께서는 천상에서 우리 가족을 위해 기도하고 계실 것을 생각해 봅니다.

몇 해 전 경영하던 사업을 정리하고 우리 부부의 버킷리스트중의 하나인 국내 성지순례를 시작하게 되었습니다. 내가 다니고 있는 성당 성지순례동호회에 입회하여 광주대교구 옥터 성당을 시작해서 부산교구 죽림굴을 마지막으로 국내 111곳 성지순례의 대장정을 마쳤습니다. 이 모든 것 성가정의 은총을 베풀어 주신 주님께 감사드립니다.

순례를 시작하고 중간에 사업을 준비하면서 외국에 사는 지인의 도움을 받아 그곳에서 인쇄동판 유통사업을 하였으나 뜻대로 되지 않아 모든 것을 손절하고 귀국을 해 보니 성지순례 동호회에서는 국내 성지순례를 이미 완주한 상태였습니다. 6

월에 축복장을 받을 준비를 하고 있었습니다. 나는 미처 성지순례를 완주하지 못한 성지를 아내와 같이 2박 3일 일정으로 광주대교구와 부산교구 성지 보충순례를 했습니다. 주말을 이용해 거의 3년 동안 새벽부터 늦은 밤까지 힘든 줄 모르고 감사한 마음으로 다녔습니다. 아내와 동행한 순례는 내 가슴속 깊이 남아, 아내의 깊은 신심에 감탄하며 순교영성과 신심을 새롭게 느끼고 왔습니다. 순교성인들은 박해를 피해 점점 깊은 산골로, 동굴로 숨었습니다. 순교성인들은 살아서도 죽어서도 주님을 숭배했고 신앙을 증거했습니다.

어려운 일이 닥치면 불평하고 원망만 하던 나는 이번성지순례를 완주하면서 순교성인들의 용기는 어디서 왔을까? 순교성인은 순교성인 안에 현존하는 구원과 직결되는 하느님의 특별한 은총이 이루어진다고 합니다. 성지순례를 마무리 하면서 나 자신 가장 많이 느낀 점은 주님의 무한한 자비와 사랑 그리고 주님의 역사하심이 내 뇌리에 각인이 되었다는 것입니다. 나는 깊은 산골짜기와 동굴 그리고 묘지의 성지를 다니며 그들은 고통보다는 신앙의 자유를 우리에게 선물했다는 생각에 가슴 한켠이 시려왔습니다.

6월에 축복장 수여식이 예정되어 있었으나 코로나19로 인해 몇 차례 연기되었던 일정이 급기야는 각 교구에 전달이 되었고 우리 성당에서는 11월 12일에 본당 주임신부님께서 축복장 수여식을 거행했습니다. 성지순례를 마치고 축복장을 받으면서 우리 부부의 안일했던 신앙을 일깨워 주는 '믿음'의 사람으로 살아 갈 것을 다짐해봅니다.

앞으로도 새로 추가된 56곳을 포함 전국 167곳(성지 52곳, 순교사적지 69곳 순례지 46곳) 성지를 두 발로 걸으며 마음으로 순교선조를 만나 한없이 부족한 우리 부부가 주님을 의탁하고 낮은 자세로 믿음의 삶으로 새롭게 살아 갈 것을 다짐해 봅니다.

남편의 글 속에 담겨진 내용을 공감한다. 성지순례는 하느님을 만나러 '올라가는' 여행이다. 성인들의 묘소나 성당 등을 순례하는 것은 신자들의 마음을 회개시키고 신앙을 길러주는 중요한 신심행위이며 위대한 종교적인 인물이나 신성시 되는 장소를 참배하러 가는 여행이라는 것을 책에서 읽은 적이 있다.

우리 부부는 앞으로도 계속될 성지순례에서 사랑의 발걸음으로 나를 돌아보는 소중한 날들이었으면 한다.

사랑의 손길

뮤지컬 배우로 활동하던 딸이 결혼하여 아이 셋을 낳아 키우는 모습이 너무 아름답습니다. 엄마로써 딸을 바라보면 안쓰러워 틈만 나면 딸의 집을 방문하여 아이들을 돌보고 먹을 것을 만들어 주며 남양주에서 안양을 드나듭니다.

그러던 중 딸이 CPBC창작생활성가제에 참가하고 싶다며 수필가인 엄마에게 노랫말을 요청했습니다. 손주들과 만나면 기도를 합니다. 고사리손을 모으고 앙증맞게 기도문을 외우며 기도하는 모습에서 주님의 향기를 느껴서 시를 쓴 것이 노랫말이 되었습니다.

작곡가인 딸의 20년지기 친구가 그 노랫말에 근사한 옷을 입혔습니다. 아름다운 피아노 음률에 아쟁, 가야금 등 국악기를 배치시켜 한국적인 향기를 담았습니다. 동서양의 하모니가 듬뿍 담겨 귀에 착착 감깁니다.

드디어 완성된 노래, 딸의 청아하고 풍부한 음색이 더해져 완성도를 높여줍니다. 맑고 우아하게 울려 퍼지는 노랫소리는 숨이 멎는 듯 뭉클한 감동입니다. 가슴 깊숙한 곳에서부터 주님의 향기가 전해집니다.

주임의 향기

꽃은 피고지고 다시 피면서 향기를 남기고
인생은 만나고 헤어지며 향기 남기네
주님의 따뜻한 온기를 느끼며 마음 충전되고
사랑의 손길로 두 손 모아 기도합니다

보석처럼 빛나는 말씀 씨앗이 뿌리내리고 자라
열매 맺으며 주님의 은총으로 꽃길 걸어가네
주님의 향기로 지친 마음 위로하고
새로운 생명을 꽃피우며 기쁨 노래 부릅니다

(2020)